핸드메이드 시리즈 ❸

komihinata의 알록달록 손바느질 소품

스기노 미오코 저
배혜영 역

contents

코미히나타의 메시지 4

I 신작 컬렉션

프티 보스턴백 컬렉션 6
프티 그래니 백 컬렉션 8
삼각 파우치 컬렉션 10
프티 마르셰 백 컬렉션 12
종이봉투 스타일 백 컬렉션 14
손잡이가 달린 빼끔 파우치 컬렉션 16
스마트폰 & IC 카드 파우치 18
접는 우산 케이스 컬렉션 20

II 단골 컬렉션

미니 케이스 컬렉션 28
스마트폰 파우치 컬렉션 30
프티 파우치 컬렉션 32
미니 배낭 컬렉션 34
문고본 & 메모장 커버 컬렉션 36

III 선물하고 싶은 komihinata 세트

소잉 세트 44
카페 타임 세트 46
키친 세트 48

나는 코미히나타 집의
막내딸 '이로하'.
먼치킨종으로 8살이에요.
엄마가 만드는 미니 백은
저도 정말 좋아해요.
간식을 넣기에
그만이랍니다♪

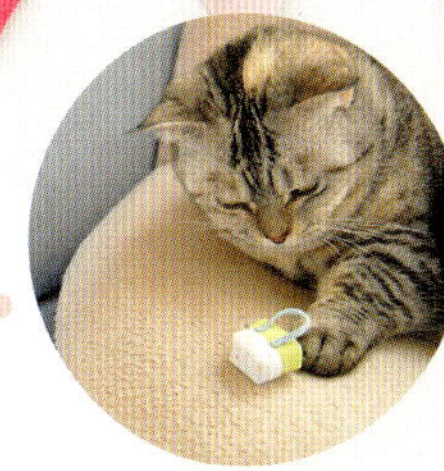

작은 부자재에 주목!!

komihinata의 서랍 22

이런 곳에 활용하고 있어요! 24

더 보고 싶어 ! komihinata 스타일 천 조합 '가지고 있는 천' 26

komihinata의 천 고르기

일본 닛포리 섬유 거리 동행 리포트! 38

더 보고 싶어 ! komihinata 스타일 천 조합 '닛포리의 천' 41

작품을 만들어 봤어요! 42

번외편

우리도 komihinata씨의 소품을 만들어 봤어요! 50

이 책 만드는 방법에 관한 일러두기 52

만드는 방법 .... 54~95

p.1 첫째 줄 불꽃놀이 무늬 OWL_night flower, 회색 꽃무늬 BLOSSOM_flowery, 둘째 줄 열기구 무늬 VOYAGE_ballon, 흰색 바탕에 파란색 도트 무늬 SNOWFLAKE_snow, 셋째 줄 별무늬 NOSTALGIA_bluesky, 꽃무늬 BOUQUET_flower, 보라색 바탕에 도트 무늬 BOUQUET_dot, 열쇠 무늬 MAZE_key, 깃발 무늬 FLAG_flag, 다섯째 줄 노란색 레몬 모양 무늬 ICE CREAM_cone, 흰색 바탕에 두 가지 색 도트 무늬 ANN DOT_04/데컬렉션스

코미히나타의 메시지

저의 《손바느질 소품》 시리즈 제3탄이 출간되었습니다!

이번에는 특히 색에 신경을 써서 만든 소품들을 담았습니다.

활기찬 색, 부드러운 색 등 갖가지 색이 있습니다.

천을 매치할 때도 같은 색조일 때도 있고 반대색일 때도 있습니다.

왠지 맛있어 보이는 배색도 있답니다.

자기 마음에 든 배색으로 완성한 소품은 한층 마음에 들게 됩니다.

'책과 완전히 같은 재료가 아니면 만들 수 없나요?'라는 질문을 자주 받는데, 그렇지 않습니다.

같은 천으로 만들기보다 여러분이 가지고 있는 천으로 만들 때 더 독창성이 드러나며,

전혀 다른 천끼리의 궁합이 좋을 때도 있답니다.

저는 그렇게 해서 가지각색의 소품을 만들어 왔습니다.

너무 고민하거나 자잘한 것에 얽매이지 말고 우선 '이런 것이 좋아!'라는 생각을

소중히 여기며 만들어 보세요.

이 책을 선택해 주신 분의 마음이 따뜻하고 밝아지기를 바랍니다.

저를 멀리서나 가까이서 지지해 주는 모든 분에게 감사의 마음을 전합니다.

코미히나타(komihinata), 스기노 미오코

I 신작 컬렉션

전작 《인기 손바느질 소품》을 발간한 이후, 블로그에서
발표해 호평을 받은 소품들을 책에서 소개하는 것은
이번이 처음입니다. 여전히 작은 것을 좋아해서
프티 아이템이 늘었습니다.
작을 뿐만 아니라 천 조합이나 부자재 등으로도
귀여움을 표현했습니다.

- 프티 보스턴백 컬렉션
- 프티 그래니 백 컬렉션
- 삼각 파우치 컬렉션
- 프티 마르셰 백 컬렉션
- 종이봉투 스타일 백 컬렉션
- 손잡이가 달린 빼끔 파우치 컬렉션
- 스마트폰 & IC카드 파우치
- 접는 우산 케이스 컬렉션

프티 보스턴백 컬렉션

늘 머릿속에 '이런 소품을 만들고 싶다'고 생각하는 아이템이 있어요.
이 '프티 보스턴백'도 그중 하나예요. 너무나 만들고 싶어서 몇 번이고
시행착오를 거듭한 끝에 완성했기에 감동도 남달랐습니다.
블로그에서 소개한 것보다 세로로 약간 길게 만들었어요.

블로그 댓글 中

너무나 앙증맞아서 가슴이 떨렸어요!
'프티' 사이즈지만 가방을 여는 것이
즐거워지겠네요!!

만드는 방법 : p.54

핑크색 체크무늬를 바이어스 방향으로 재단한 것이 포인트예요.
(안감 EMMA STRIPE_03/데컬렉션스)

하늘색 바탕에 흰색의 산뜻한 글자무늬가 마음에 든 천이에요. 옅은 색이지만 내추럴 컬러의 손잡이로 긴장감을 줬어요.

파란색 줄무늬를 사용해 머린 스타일 프티 보스턴백을 만들었어요. 손잡이를 고정하는 실도 하늘색을 써서 통일감을 줬어요.

시접을 처리했으므로 가방을 열어도 깔끔해 보여요.

신선한 느낌을 주는 타원형 도트 무늬 천과 손잡이, 지퍼에 주황색을 사용했어요. 생기발랄한 프티 보스턴백이 만들어졌네요.

보기 드문 백곰 무늬입니다.
(겉감 WHITE NIGHT_polar bear, 안감 NATURE_stripe/데컬렉션스)

프티 그래니 백 컬렉션

안감은 겉감과 같은 계열의 색을 골랐어요. 양면으로 사용하려고 만든 것은 아니지만 기분에 따라 겉과 안을 바꿔서 쓰면 재밌겠지요(녹색 겉감 BOUQUET_freedot, 퍼플색 겉감 OWL_night flower, 노란색 겉감 ICE CREAM_cone, 녹색 안감 WILDFLOWER_wreath/데컬렉션스).

이것도 프티 시리즈의 신작입니다.
블로그에 처음 올렸을 때 호평을 무척 많이 받아서 놀랐으면서도 기뻤습니다.
타원형 나무 손잡이는 시판되고 있는 액세서리용 부자재입니다.
사탕이나 동전을 넣을 수 있는 앙증맞은 사이즈입니다.

블로그 댓글 中
주름이 많이 잡혀 있어서
꽉 껴안아 주고 싶을 만큼
귀여워요 (^_^)

작은 사이즈도 물론 양면으로 사용할 수 있어요. 흰색 무지로 만들면 깔끔하게 완성돼요. 작은 단추 등을 달아도 좋답니다(녹색 가방 입구 천 ANN DOT_04/데컬렉션스).

만드는 방법 : p.56

삼각 파우치 컬렉션

정겨운 삼각 우유팩 모양 파우치는 얼핏 보기에 만들기 어려울 것 같죠?
하지만 의외일 만큼 만들기 쉽답니다.
대•중•소 세 가지 사이즈로 만들었어요.
우유와 카페오레색을 고르고 지퍼 색깔도 같은 계열로 맞췄습니다.

블로그 댓글 中

큰 사이즈에는 시팅, 작은 사이즈에는
아이들 용돈으로 줄 동전을 넣을까
하고 쓰임새부터 먼저 정했어요.

만드는 방법 : p.67

안감은 밝은 베이지색 줄무늬예요. 겉에서부터 이어진 듯하게 만든 것이 포인트입니다.

작은 삼각형은 한 변이 불과 5㎝ 정도의 크기입니다. 여러 개를 아기자기하게 나열하고 싶어지네요.

에크뤼색 바탕에 베이지색 도트 무늬가 드문드문 들어간 천은 고상하고 귀여워서 마음에 들어요.

큼직한 도트 무늬가 인상적이에요. 지퍼의 색을 밝게 하니 균형을 잘 이뤘어요.

겉감은 꽃이 나열된 복고적이면서 세련된 천이에요. 사이즈가 작으면 색다른 무늬에도 도전하기 쉬워져요.

베이지색 바탕에 갈색 도트 무늬의 천을 겉감으로 사용했어요. 커피와 초콜릿이 떠오르는 맛나 보이는 색상이에요.

프티 마르셰 백 컬렉션

정말 좋아하는 마르셰 백을 프티 사이즈로 만들었어요.
바깥쪽은 다채로운 캔버스로 만드니까 실제 마르셰 백과 다를 바 없네요.
안쪽은 대조적으로 프린트 천을 사용했어요. 크기는 작지만 천 두 종류, 손잡이, 태브, 손잡이를 고정하는 실 등 천과 각 부분을 조합하는 즐거움을 만끽할 수 있어요.

만드는 방법 : p.58

블로그 댓글 中
대단히 멋스럽네요 (^^)
바닥과 안쪽 천을 맞춘 것에서도
공들인 흔적이 보여요 ~!

라벤더색 캔버스에는 잘 어울리는 연푸른색 손잡이를 달았어요. 옆면에 진보라색 체크무늬 리본을 끼워 포인트로 사용했어요.

짙은 핑크색 캔버스 겉감에 트리콜로르 컬러의 리본을 더했어요. 안감은 줄무늬예요. 겉과 안 모두 발랄하고 활기찬 인상이에요.

주황색 캔버스에 군청색과 주황색 줄무늬 테이프가 참 잘 어울려요! 안쪽은 경쾌한 주황색 도트 무늬예요.

하늘색 캔버스에 레몬색을 더했어요. 안감도 크림색 바탕에 하늘색 도트 무늬가 들어간 천을 사용하니 매우 산뜻해요.

종이봉투 스타일 백 컬렉션

만드는 방법 : p.60

선명한 에메랄드그린색 바탕의 도트 무늬를 겉감으로 했어요. 그 산뜻함에 어울리는 굵은 줄무늬를 안감으로 골랐습니다. 큰 사이즈와 작은 사이즈의 줄무늬 방향을 바꾸는 것도 재미있습니다♪

늘 이런 형태의 가방을 만들어 보고 싶었어요.^^
옆면과 밑면까지는 다른 가방처럼 만든 뒤, 마지막에 네 모서리를 집어 꿰매기만 하면 손쉽게 종이봉투 모양으로 만들 수 있어요!
태그 위치는 천 무늬에 맞춰 정합니다.

블로그 댓글 中
하~ 이런 가방이 있으면 정말 기쁘겠어요! 구겨지지 않는 근사한 종이봉투네요♪

만드는 방법 : p.60

겉쪽은 어른스런 갈색 줄무늬, 안쪽은 민트초코색 도트 무늬입니다. 태그는 하늘색 테이프로 만들었습니다. 세련된 가게의 쇼핑백처럼 보이면 좋겠네요.

손잡이가 달린 빼꼼 파우치 컬렉션

블로그 댓글 中

앙증맞은 바네 파우치!
귀여워~!!(^^) 프티 사이즈 한번
만들어 볼게요!

바네를 사용한 파우치입니다.
뻐끔뻐끔 입구가 열리는 모양에서 '뻐끔 파우치'라고 이름을 지었습니다.
이제까지 큰 것만 만들었는데 어느 날 수예점에서 미니 사이즈 바네를 발견했습니다!!
그 후로 단숨에 뻐끔 파우치에 열을 올리게 되었답니다.

만드는 방법 : p.62

하늘색 천에 갈색 손잡이. 산뜻함에 따뜻함이 더해져 절묘한 균형을 이루는, 정말 좋아하는 배색 중 하나입니다.

'딸기 초콜릿'이 떠오르는 조합입니다(바닥 천 SNOWFLAKE_baby, 안감 EMMA STRIPE_03/데컬렉션스).

단정한 갈색 파우치는 세로 줄무늬 천을 가로로 사용했어요. 차분한 이미지가 근사하죠. 작은 사이즈는 리본을 손잡이로 했어요.

모노톤 꽃무늬는 검은 바탕의 핀 도트 무늬와 어우러져 어른스러운 분위기를 자아냅니다(겉감 BLOSSOM_flowery/데컬렉션스).

스마트폰 & IC 카드 파우치

만드는 방법 : p.64

블로그에 올리지 않은 소품을 소개하고 싶어서 고안한, 이 책에서 처음 공개하는 아이템입니다.
가방에 매달 수 있는 스마트폰과 IC카드 파우치입니다♪
요즘에는 스마트폰과 IC카드만 들고 장을 보기도 하므로 양쪽을 넣을 수 있는
편리한 타입을 만들어 봤습니다.

앞쪽은 스마트폰 외에 동전 지갑도 들어갑니다. 테이프를 길게 했으므로 가방에서 떼지 않고 단말기에 댈 수 있습니다.

겉감은 네 가지 색의 멀티 보더 무늬로 배색이 인상적이에요. 흰색 지퍼도 보더 무늬의 일부처럼 보이게 배치했어요.

뒤쪽 주머니에 IC카드를 넣습니다. 카드가 떨어지지 않게 입구에는 똑딱단추를 달았어요.

앞쪽은 약간 크게 천을 재단해 불룩하게 만들었어요. 뒤쪽은 스마트폰을 보호하기 위해 누빔 천을 썼습니다.

접는 우산 케이스 컬렉션

접는 우산을 보관하려고 케이스를 만들었어요.
외출할 때 들고 다니기 난감했는데, 라미네이트 천을 보자 케이스를 만들자는 아이디어가 떠올랐답니다.
안에 넣는 우산보다 약간 큰 사이즈로 만드는 것이 요령입니다.
들고 다니기 편하게 손잡이를 달았습니다. 가로세로의 두 가지 타입을 소개합니다.

블로그 댓글 中
비가 내리지 않아도 무심코
우산을 갖고 다니고 싶게 하는
우산 주머니네요.

끈 끝은 묶기만 해도 좋지만 약간만 더 공을 들여서 케이스와 같은 천으로 가장자리를 감쌌어요. 이러니까 더욱 귀여워졌네요.

날이 개기를 바라는 마음을 담아서 태그 천에 빨래 건조대 스탬프를 찍었습니다. 태그 천은 라미네이트가 아닌 일반 천입니다(겉감 CLOUD_rain/데컬렉션스).

만드는 방법 : p.70

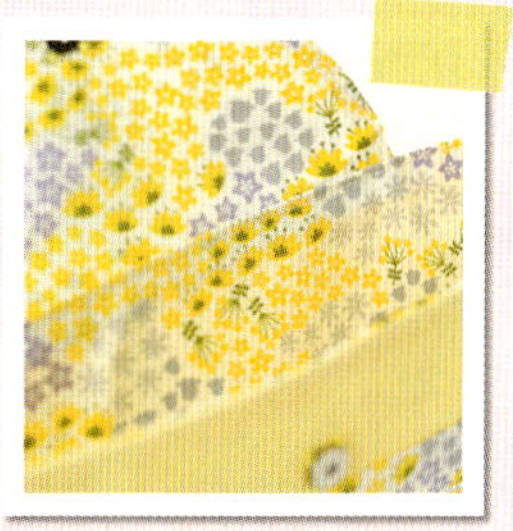

꽃무늬 천이 라미네이트예요. 열었을 때 온통 꽃밭이라서 마음이 밝아지겠죠. 옅은 노란색 천은 캔버스입니다(겉감 이외 WILDFLOWER_flower bed/데컬렉션스).

만드는 방법 : p.72

작은 부자재에 주목!!

komihinata의 서랍

작품에서 차지하는 비율은 낮지만 효과적으로 사용하면 작품이 한결 돋보이는 테이프와
단추 같은 '부자재'를 다루어 봅니다. 저의 작품에 빠뜨릴 수 없는
소중한 부자재가 들어 있는 서랍을 보여드릴게요.

아래 테이프는 진짜 많이 가지고 있어요.
어느 천에나 잘 어울리는 노트 무늬와 술무늬 등 기하학무늬가 많답니다.
가게에서 마음에 든 무늬를 찾으면 무조건 계산대로 직행합니다.
만일에 망설였다가 나중에 가면 똑같은 것을 구할 수 없는 일이 대부분이거든요.

쪼그맣고
귀여운 게 한가득♪
내 장난감으로 해도
좋겠다.

각양각색의 단추는 보기만 해도 눈이 즐거워요.
개성적인 디자인도 심플한 것도 제각기 유용하지만,
본체보다 눈에 띄지 않으면서 한 개 달면 존재감이 느껴질 수 있게
사용하려고 노력합니다.

작품에 달려 있는
부자재를 보러 가요.

작은 부자재에 주목!!

이런 곳에 활용하고 있어요!

손잡이

크기가 작은 것이 많아서 실제 '손잡이'가 되지는 못해요. 왁스 코드, 테이프, 가죽을 많이 사용합니다. 요즘에는 비비드 컬러도 마음에 들어요.

단추

천 색깔에 맞춰서 단 단추는 작지만 큰 매력 포인트입니다. 옆면에 다는 싸개 단추에 사용하는 천은 작품 본체와 균형을 이루게끔 마지막에 결정합니다.

귀여운
부자재를 보면
사지 않고는
못 배긴다옹.

무지 테이프

너비 1㎝쯤 되는 평범한 무지 테이프지만 활용도가 높답니다! 다양한 색을 가지고 있으므로 천 색깔에 맞춰 골라 스탬프를 찍으면 오리지널 태그가 완성됩니다. 너비가 다른 테이프를 겹쳐서 쓰는 상급 테크닉도 사용합니다.

무늬 테이프

태브로 가장 많이 이용하는 것이 너비 1~1.5㎝의 무늬 테이프예요. 그중에서도 줄무늬와 체크무늬 테이프는 크게 애용하고 있어요. 겨우 0.5㎝ 보이는 것만으로 멋진 포인트가 됩니다.

더 보고 싶어!

komihinata 스타일 천 조합

part1
가지고 있는 천

(윗줄 구름무늬 CLOUD_cloud, 베이지색 보더 무늬 SAND CASTLE_castle, 가운뎃줄 꽃무늬 SNOWFLAKE_baby, 열기구 무늬 VOYAGE_ballon, 아랫줄 꽃무늬 BOUQUET flower/데컬렉션스)

Ⅱ 단골 컬렉션

꾸준히 만들고 있는 아이템을 모았습니다.
그렇지만 '휴대폰 파우치'를 '스마트폰 파우치'로 바꾸거나
미니 케이스의 덮개를 사각형으로 하는 등 약간씩 새로운 디자인을
만들어냅니다. 같은 아이템이라도 새롭게 천을 조합하면 신선하게 보여서
몇 개를 만들어도 질리지 않습니다. 또한 블로그에 써 주신
따뜻한 댓글이 '더 귀여운 걸 만들고 싶어'라고
생각하게 하는 큰 원동력이 됩니다.

- 미니 케이스 컬렉션
- 스마트폰 파우치 컬렉션
- 프티 파우치 컬렉션
- 미니 배낭 컬렉션
- 문고본 & 메모장 커버 컬렉션

미니 케이스 컬렉션

만드는 방법 : p.76

수없이 만든 아이템이지만 이 안에 무엇을 넣는지 저조차도 그 용도를 종잡을 수 없어요.
하지만 이 모양에 끌려서 저도 모르게 만들어지고 싶어집니다.
여기서는 주로 핑크색을 사용해 만든 작품 4점을 소개합니다.

천이나 왁스 코드와의 궁합을 고려해 단추를 고르는 것도 즐거운 작업이에요. 큼직한 무늬가 의외로 어울립니다.

블로그 댓글 中
미니 케이스 진짜 좋아해요!
통통한 모양이 사랑스러워요!!

줄무늬도 체크무늬도 '가로', '세로', '대각선'으로 방향을 바꾸면 같은 천이라도 다른 느낌을 자아냅니다.

스마트폰 파우치 컬렉션

손잡이는 본체 색에 맞춘 컬러 왁스 코드입니다. 코드만 너무 튀지 않게 덮개와 안감을 골랐습니다.

줄곧 만들어 온 단골 아이템 '휴대폰 파우치' 대신에 최근에는 '스마트폰 파우치'를 만들게 되었어요.
그래 봤자 사이즈를 약간 바꾸고 덮개를 달았을 뿐이에요.
스마트폰은 기종이나 씌운 커버에 따라 크기가 다르니 사이즈를 확인한 다음 만듭니다.

블로그 댓글 中

천과 부자재 모두에 komi씨의 개성이 응축되어 있어 어디를 봐도 흠잡을 데 없이 귀여워요(^^)

하늘색과 노란색, 하늘색과 빨간색이 어우러졌어요. 어느 쪽이나 하늘색이 메인 컬러이지만 어우르는 색상에 따라 분위기가 달라집니다.

만드는 방법 : p.78

프티 파우치 컬렉션

프티 파우치는 조금씩 모양을 바꾸며 곧잘 만드는 아이템 중 하나입니다.
약간 대담하게 크기를 바꾼 세 가지 타입을 소개합니다. 입구 천을 달지 않고 지퍼가 보이는 디자인으로 했으므로 존재감이 있는 금색과 은색 지퍼를 사용했습니다.

만드는 방법 : p.80

소 사이즈

연한 라벤더색 지퍼와 테이프를 평행하게 배치한 것이 포인트입니다. 흰색 분량이 많은 겉면과 강렬한 라벤더색 안면의 대비도 즐겨 보세요(겉감 위쪽 BOUQUET_flower/데컬렉션스).

블로그 댓글 中

치수에 따라 분위기가 달라지니까 몇 개나 만들고 싶어져요(^—^* 지퍼 다는 연습도 겸해 만들어 봐야겠어요.

대 사이즈

셔벗오렌지색과 밝은 녹색의 도트 무늬에 같은 색조의 체크무늬를 더했어요. 그 사이에 민트그린색 테이프가 있어서 천 두 장이 조화를 잘 이뤘습니다.

가로로 긴 타입

하늘색과 노란색의 귀여운 열기구 무늬 천에 노란색 테이프와 하늘색 도트 무늬 천을 합치고, 안감은 상쾌한 줄무늬를 골랐습니다(대 사이즈 겉감 위쪽 ANN DOT_04, 가로로 긴 타입 겉감 위쪽 VOYAGE_ballon/데컬렉션스).

미니 배낭 컬렉션

블로그 댓글 中

스마트폰이 들어가는 사이즈! 대환영이에요.
＼(^o^)／ 스마트폰 외에 작은 물건도
더 넣을 수 있을 것 같고,
귀여워서 주목받겠어요!!

원숄더로 깔끔히 완성했어요. 붕어 고리가 달려 있어서 가방에 매달거나 허리에 거는 등 다양한 곳에 달 수 있어요.

대•중•소의 세 가지 사이즈로 소개합니다.
대 사이즈는 스마트폰이 들어갈 정도의 크기로 만들었습니다.
끈은 원숄더로 하고 붕어 고리를 달았으므로 가방 등의 손잡이에도 매달 수 있어 편리합니다.
겉감은 모두 캔버스로 만들어서 가방이 쓰러지지 않아요.

안쪽은 이렇게 되어 있습니다. 천 가장자리가 보이지 않게 꼼꼼히 파이핑했습니다. 안감은 열었을 때에도 즐거운 기분을 맛볼 수 있는 천을 고릅니다.

만드는 방법 : p.82

문고본 & 메모장 커버 컬렉션

만드는 방법 : p.75

심플한 디자인이지만 본체와 반대색의 테이프를 달면 강렬한 인상을 줍니다.
문고본과 수첩은 가방 안에서 펼쳐지기도 하므로 단단히 덮을 수 있는
커버가 필요해서 너비가 넓은 고무줄을 달았습니다.
그랬더니 꺼내기 쉬운 데다가 사용하기도 편합니다.

선명한 색상의 너비가 넓은 고무줄은 포인트도 되고 책갈피 역할도 하니까 무척 편리해요!

블로그 댓글 中

전 가방에 물건을 아무렇게나 던져 넣는 칠칠치 못한 성격이라서 고무줄이 달린 커버는 생각 외로 편하더라고요.

보더 무늬와 너비가 같은 테이프를 꿰매어 달았어요. 노란색 테이프와 고무줄이 교차된 것이 포인트예요.

천 한 장을 잘라서 접고 꿰매기만 하면 되는 심플한 방법으로 만듭니다. 튼튼한 천이 사용하기 쉬우므로 캔버스를 추천합니다.

komihinata의 천 고르기

일본 닛포리 섬유 거리 동행 리포트!

갖가지 색과 무늬의 천을 자유자재로 조합하는 komihinata.
어떻게 천을 고르고, 어떻게 조합하는 걸까요? 소품이 태어나기까지의 과정을 komihinata와 더듬어 볼까요? 이번에 찾은 곳은 일본 도쿄도 아라카와구 닛포리에 있는 섬유 도매상 거리입니다. 천을 좋아하는 일본 사람에게는 전국적으로 유명한 곳입니다.

나도 같이
가고 싶었다옹.

천

중심가 양쪽에는 원단 가게가 즐비하게 늘어서 있는데, 점포마다 전문 분야가 있어서 제각기 개성적인 상품을 갖추고 있습니다.

토마토

섬유 거리의 대명사라 할 수 있는 유명한 가게입니다.
본관, 인테리어관 등 전 5관 가운데 토마토가 엄선한 천을 모아 놓은 셀렉트관을 방문했습니다. 넓은 가게 안에 점원도 파악하지 못할 만큼 대량의 천이 진열되어 있는데, 우선은 포개어 쌓아 놓은 산더미 같은 피륙을 꼼꼼히 체크했습니다.

토마토 셀렉트관

우 116-0014
도쿄도 아라카와구 히가시닛포리 5-33-8
tel.03-6806-6225
영업시간 10:00~18:00 일요일 · 공휴일 휴무
http://www.nippori-tomato.com/

"산더미처럼 쌓인 천에서 제 취향에 맞는 천을 발견했을 때는 정말 기뻐요. 고를 때는 사실 천 조합은 그다지 생각하지 않아요. 직감으로 '이 천이 좋아, 갖고 싶어!'라고 생각되는 천을 구입해요."

야스다상점

제2차 세계대전 후 얼마 되지 않아 창업했다는 섬유 거리의 유서 깊은 가게입니다. 오래된 목조 점포의, 깨끗이 닦인 유리가 인상적인 나무 미닫이문을 열면 가게 안은 리넨의 보물 창고입니다. 바닥부터 천장까지 빼곡히 들어찬 리넨에 압도됩니다.

야스다상점 3초메점

우 116-0014
도쿄도 아라카와구 히가시닛포리 3-28-5
tel.03-3803-1656
영업시간 10:30~17:30 일요일 · 공휴일 휴무
http://www.cotton-yasuda.com

"내추럴 컬러부터 비비드 컬러까지 리넨이 한가득이라서 즐거워요! 면마 혼방과 캔버스에도 관심이 가요."

"깊숙한 곳에 있는 천이 어쩐지 신경 쓰이더라고요. 낑낑대며 끄집어냈어요(웃음)."

파키라

섬유 거리의 입구 부근에 위치한 파키라의 매력은 '리버티'와 '솔레이아도' 등 인기 브랜드의 프린트 천을 풍부하게 갖추고 있다는 것입니다. 이외에 엘레강스관, 니트관도 있습니다.

우 116-0014
도쿄도 아라카와구 히가시닛포리 6-58-5
tel.03-3891-8990
영업시간 10:00~18:00 연중무휴
http://www.eleg.co.jp/pakira/index.html

"역시 리버티 프린트에 마음이 끌려요. 이거 신작인가?"

"정했어요! 이번에는 무늬에 약간 들어간 하늘색에 끌렸어요. 이 색에 한눈에 반했어요."

"아 잠깐. 이 체크무늬 색상도 신선하네. 너무 많이 샀나?"

"역시 사 버렸어요. 처음 봤을 때 사지 않으면 천은 없어지는 경우가 많아요."

부자재

섬유 거리에는 천 뿐만 아니라 단추, 가죽 제품, 리본, 비즈 등 부자재를 취급하는 가게도 많이 있습니다. 그중에서 개성적인 두 곳을 선별했습니다.

엘 뮤제

주로 프랑스와 이탈리아에서 사들인 수입 단추와 비즈를 전문으로 판매하는 가게입니다. 주인이 손수 선별했으므로 다른 가게에서는 구입할 수 없는 물건도 갖춰져 있습니다. 희소한 앤티크와 품질이 좋고 저렴한 물건도 있습니다.

우 116-0014
도쿄도 아라카와구 히가시닛포리 5-34-1
tel.03-5858-6722
영업시간 10:00~18:00 일요일 휴무
http://www.l-musee.com

"단추는 주역도 되는 중요한 재료예요. 하지만 너무 깊이 생각하지 않고 자연스럽게 마음에 든 것을 골라요."

"가게의 종이봉투도 귀여워요! 이런 점도 좋아해요."

구마가이상사(주)

5000종 이상 있는 단추가 압권입니다. 나무, 플라스틱, 금속 등 소재도 풍부하고 가격도 시가보다 상당히 저렴합니다. 원하는 버튼을 꼭 찾을 수 있는 곳입니다. 미국에서 수입한 코튼도 풍부합니다.

우 116-0014
도쿄도 아라카와구 히가시닛포리 5-32-10
tel.03-3807-1386
영업시간 10:00~18:00 일요일 · 공휴일 휴무
http://www.kumagaishoji.com

"크기도 소재도 다양해 여기저기로 눈이 쏠리는데 특히 컬러풀한 단추에 끌리네요."

"소품에 어울리는 조그만 단추는 대개 이동 진열대에 있기 때문에 반드시 체크해요!"

전리품은 이것!

이날은 한나절 걸려 이곳저곳을 체크했어요. 구입한 것을 구경해 보세요.
천 12종류와 각종 단추입니다. 천은 모두 50㎝~1m 정도로 구입했어요.
돌아올 때는 수제 가방이 빵빵해졌답니다. 정말 만족스러워요!

천

부자재

곧바로 천을 조합해 봤어요.

더 보고 싶어!

닛포리에서 구입한 천으로 komihinata 스타일 천 조합

part2
닛포리의 천

작품을 만들어 봤어요!

앞 페이지의 천 조합에서 세 점을 골라 미니 케이스를 만들었습니다.
왁스 코드와 싸개 단추를 다니까 더욱 사랑스러워졌어요.

오오!
그 천이랑 부자재가
다시 태어났다옹.

닛포리의 천 고르기 리포트 즐거우셨나요?
제가 닛포리 섬유 거리를 처음 찾은 것은 수년 전 블로그를 시작하기 얼마 전이에요. 인기가 있는 것은 알고 있었지만 도매상 거리에 아마추어가 가도 괜찮을까 하고 처음에는 긴장했어요. 하지만 실제로 가 보니 원단 가게가 쭉 늘어서 있는 거리에 홀딱 빠졌답니다! 글자 그대로 천의 보물 창고였어요. 게다가 어느 가게에서나 보통 가게와 같이 쇼핑을 즐길 수 있었어요. 하지만 닛포리에서 산 천이 특별히 진귀한 천은 아닙니다. 점포수가 많은 것은 이점이지만 집 근처 가게에서도 좋은 천을 찾을 수 있습니다. 여러분도 가까이에 있는 가게에서 천을 고르는 즐거움을 느껴 보기 바랍니다.

komi

Ⅲ 선물하고 싶은 komihinata 세트

선물을 할 때, 상대방을 웃음 짓게 하는 물건이 뭘까
이리저리 생각하는 것은 고민스럽지만 즐거운 시간입니다.
여기서는 '귀엽고 생활에 도움이 되는 선물'을 소개합니다.
여러분의 선물 후보에 오르게 되면 참 기쁠 겁니다.

- 소잉 세트
- 카페 타임 세트
- 키친 세트

소잉 세트

블로그에서 소개한 소잉 세트보다 반짇고리를 약간 크게 만들었어요.
옮기기 쉽게 손잡이는 하나로 했습니다.
선물을 받을 사람의 이미지에 맞는 색감으로 만들고
같은 계열색의 실을 세트로 해서 선물하면 기뻐하겠죠.

만드는 방법 : p.90

가위 케이스

날 끝이 쏙 들어가게 안쪽에는 라미네이트 천을 사용했어요. 안전을 위해 펠트는 두툼한 것을 골랐습니다. 고급스런 꽃무늬와 흰색 펠트가 잘 어울립니다(꽃무늬 WEDDING_bouquet/데컬렉션스).

블로그 댓글 中
이런 멋진 소잉 세트를 가지고 있으면 누구한테나 자랑할 거예요＼(^^)／

핀 쿠션

꽃무늬에 들어간 점잖은 파란색과의 궁합을 고려해 빛바랜 하늘색 도트 무늬를 더했습니다. 위쪽에는 차분한 파란색 체크무늬 테이프를 끼워서 포인트로 했습니다.

반짇고리

연한 파란색 줄무늬 안감과 잘 어울리는 베이지색을 가죽 손잡이와 나무 단추로 더했습니다. 단추를 고정하는 실은 소잉 세트와 조화를 이루는 빛바랜 하늘색입니다.

카페 타임 세트

매트는 런천 매트가 아니라 카페 매트라고 부르고 있어요.
머그컵과 작은 접시를 얹을 수 있는 크기예요.
작은 과자나 설탕을 넣을 수 있는 손바닥 크기 토트백과
티스푼이 들어가는 미니 커트러리 케이스도 더해서 3점 세트예요.

만드는 방법 : p.85~

카페 매트

긴 태그는 다른 색깔의 꽃무늬 각각에 맞춘 테이프로 만들었어요. 옆쪽에는 가는 테이프를 조그맣게 끼워서 포인트를 줬습니다.

블로그 댓글 中

매트도 토트백도 아주아주 귀여워요~!! 제 눈 안에 꽃이 가득하네요(웃음).

반대쪽도 쓸 수 있게 만들었어요. 이쪽은 태그 크기와 종류를 자유롭게 달았어요. 기분에 따라 골라 사용해 보세요.

손바닥 크기 토트백

도톰한 펠트를 사용했으므로 제대로 서 있어요. 매트와 같이 무지 펠트에 태브를 살짝만 보이게 끼운 것이 포인트입니다.

키친 세트

활용도가 높은 냄비 장갑과 냄비 받침이에요!
냄비 장갑은 여러 모양을 만들었지만, 이 모양은 만들기 쉽고
사용하기 편해서 마음에 들어요. 냄비 받침은 존재감이 있는
굵은 로프를 고리로 사용한 것이 포인트예요.

(냄비 장갑 겉감 CLOUD_cloud, 냄비 받침 A면 NOSTALGIA_bluesky/데컬렉션스)

만드는 방법 : p.92~

블로그 댓글 中

귀여운 주방 장갑이네요!
하지만 이렇게 귀여우면 더럽히고
싶지 않아서 못 쓸 것 같아요.

냄비 받침 냄비 장갑

번 외 편

우리도 komihinata의 소품을 만들어 봤어요!

촬영 komihinata

차차토라 님 ● 미니 그래니 백

난색 계열 꽃무늬와 빨간색의 균형이 매우 훌륭해요. 동화 속 소녀가 들고 있을 것 같이 깜찍해요.

YUKI* 님 ● 그래니 백 스타일 파우치

밝고 컬러풀한 꽃무늬에 자잘한 하늘색 체크무늬 테두리가 사랑스럽고 귀여워요.

애플진저 님 ● 마카롱 파우치

양쪽 면 모두 상쾌해요! 트리콜로르 리본과 에펠탑이 포인트가 되어 주네요♪

chieko 님 ● 미니 케이스

재미난 무늬와 노란색의 배색이 경쾌한 미니 케이스. 접는 컵이 쏙 들어갔어요.

naoko.M 님 ● 미니 배낭

튼튼하고 깔끔하게 만들어졌어요. 줄무늬를 멋지게 살렸어요.

Ayummy 님 ● 아기 신발

꽃무늬 거즈로 만든 아기 신발이에요. 폭신하고 부드러운 분위기에서 행복한 광경이 떠올라요.

Sweet potato 님 ● 장지갑

상큼 발랄한 프린트 천의 바딩색과 테두리의 색을 딱 맞췄어요! 세련되고 맵시 있어요.

Yamayu 님 ● 키 파우치

창문 부분의 자수가 대단히 세세해서 감동했어요. 진짜 카페 같아요!

futomami 님 ● 미니 미니 그래니 백

집이 있는 풍경을 나타낸 자수가 깜찍해요. 행복한 가족 이야기가 상상되네요.

이번에 블로그에서 제 책을 참고로 만든 작품을 모집한 결과 정말 많은 작품이 모였습니다.
저와 스태프 전원이 고른 작품을 여기에 발표합니다. 모두 제가 촬영했습니다.
여러분의 멋진 작품들이 예쁘게 찍혔나요? 가슴이 두근두근하네요.
보내주신 모든 분에게 진심으로 감사드립니다.

fusarie 님 ● 뻐끔 파우치

하늘색과 베이지색 천 조합이 고상하고 아리따워요. 작은 장식 단추를 다는 등 자잘한 테크닉으로 멋을 더했어요.

yuna 님 ● 미니 배낭

무려 초등학생의 작품입니다! 지금부터 이 정도 솜씨라니, 대단합니다. 장래가 참 기대되네요♪

NORIN 님 ● 배니티 케이스

시크한 검은색 체크무늬와 꽃무늬가 어우러졌네요. 어른스러움과 귀여움이 알맞게 조화를 이루었어요.

욧시 님 ● 프티 보스턴백 · 프티 토트백

여행 가고 싶어지는 멋진 프티 보스턴백과 토트백 세트. 고원 여행에 어울릴 것 같아요^^

shi~mama 님 ● 휴대폰 파우치

상쾌한 파란색 체크무늬에 너비가 넓은 레이스로 고상함을 더했어요.

sun-sound 님 ● 미니미니 그래니 백

뜨개바탕 느낌이 나는 트리콜로르 보더 무늬의 미니미니 그래니 백. 부드럽고 포근한 분위기가 사랑스러워요.

미짱마마 님 ● 반지갑

밝고 경쾌한 천 조합이네요. 파이핑 마무리가 무척 깔끔해 홀딱 반했어요♪

조짱 님 ● 미니 배낭

화사한 주황색 캔버스에 검은색 지퍼가 적당한 포인트가 되어 주네요. 근사해요!

고우메자무 님 ● 삼각 파우치

새 무늬 천과 작은 새 스티치와 작은 새 참 장식! 조그만 작품 안에 새가 한가득이라서 귀엽기 그지없어요.

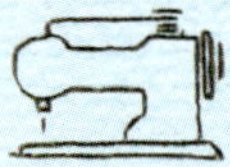

이 책 만드는 방법에 관한 일러두기

재료에 대해

재료에 적힌 것 외에 바느질실과 바늘, 가위 등의 도구가 필요합니다.

천의 분량은 올 바로잡기하는 분량 등을 더해 필요량보다 10% 정도 많게 표기했습니다.

치수도, 패턴에 대해

● 소품이므로 천의 올 방향에 구애되지 말고 무늬를 살려서 재단합니다.

그러므로 천의 올 방향은 표시하지 않았습니다. 파이핑 등 바이어스 방향(천의 올에 대해 45도 방향)으로 천을 재단할 때만 표기했습니다. ⤡ 는 바이어스 방향으로 재단하라는 의미입니다.

● 치수도와 패턴에는 시접은 포함되지 않습니다. 지정한 시접을 더해서 천을 재단합니다.

'시접 없이 재단'은 시접을 두지 않고 재단하라는 의미입니다.

만드는 방법 그림에 대해

● 안쪽에 있는 선 -- -- --은 완성선을 나타냅니다.

● 특별히 표기하지 않는 한 재봉틀로 꿰맵니다. 손바느질로 만들 때는 반박음질을 합니다.

● 바느질 시작과 끝 부분, 창구멍 양옆은 되돌아박기를 합니다.

● 태그와 태브는 천 무늬에 맞춰서 다는 위치를 결정했으므로 만드는 방법 그림에 나온 위치는 참고로만 합니다.

만드는 방법에 자주 나오는 바느질의 기본 용어

겉끼리 맞대기 · 안끼리 맞대기

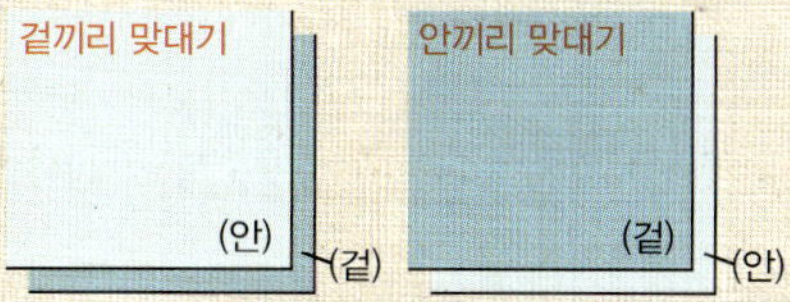

천 2장의 겉과 겉을 맞대는 것을 '겉끼리 맞대기', 안과 안을 맞대는 것을 '안끼리 맞대기'라고 한다.

창구멍을 막는다

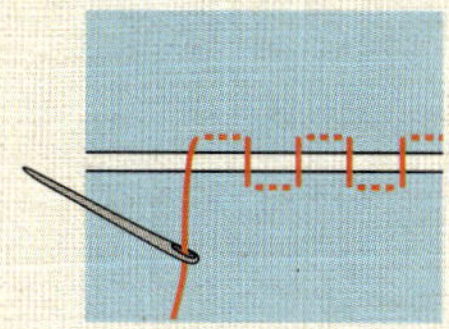

시접 접음선에 바늘을 넣고 천 2장의 접음선을 한 땀씩 번갈아 뜨며 천의 빈틈을 막듯이 진행한다.

시접을 가른다 · 눕힌다

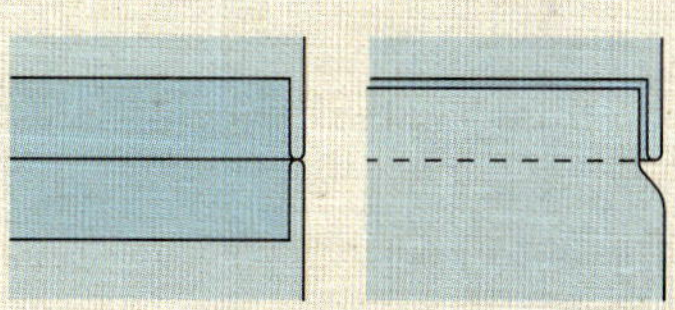

'시접을 가른다'는 겉끼리 맞대어 꿰맨 천의 시접을 양쪽으로 벌리는 것을 뜻한다. '시접을 눕힌다'는 시접을 한쪽으로 겹치게 눕히는 것을 뜻한다. 모두 다리미로 다려서 마무리한다.

시접을 깔끔하게 접는다

아이론 시접자를 준비하면 편리하다. 엽서 정도의 두꺼운 종이에 1㎝마다 평행선을 긋고 그 선을 따라 천을 접어 다리면 균등한 너비로 깔끔하게 접힌다.

반박음질

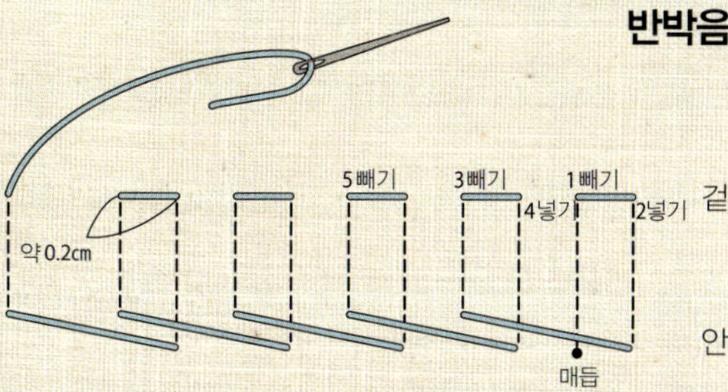

천 안쪽에서 한 땀 앞으로 꿰매고 겉쪽에서 반 땀 되돌아가면서 꿰매 나가는 방법. 홈질보다 튼튼하게 꿰맬 수 있으므로 손바느질을 할 때는 이 방법을 사용한다.

p.6 프티 보스턴백 컬렉션

재료 (1점 분량)
천……겉감 · 안감 각 15×10㎝, 바닥 천 10×10㎝
기타…퀼트솜 15×10㎝, 너비 2.5㎝ · 길이 10㎝의 지퍼,
손잡이용 너비 0.3㎝의 가죽 테이프 6㎝ 2개, 너비 1.2㎝의 면 테이프 20㎝ 2개

실물 크기 종이 본

- 시접 0.5㎝를 두고 재단한다.
- 위아래의 중앙에 맞춤 표시를 해둔다.
- 안감의 겉쪽에 완성선을 그어 두면 좋다.

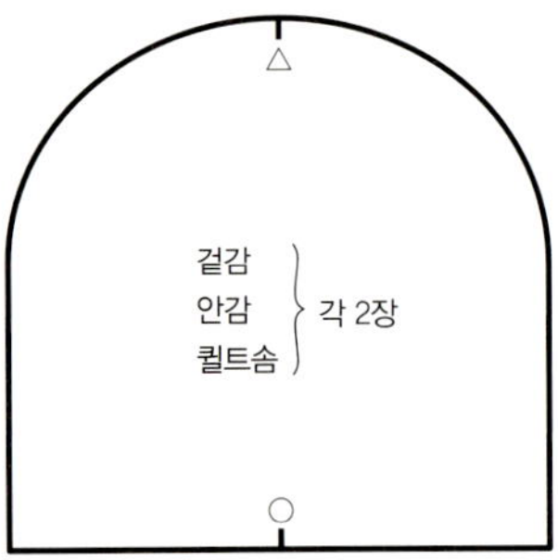

치수 도안

- 시접 0.5㎝를 두고 재단한다.
- 위아래의 중앙에 맞춤 표시를 해둔다.

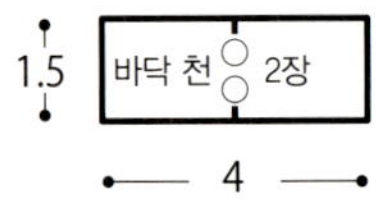

1 겉감과 안감 사이에 퀼트솜을 끼우고 둘레에 지그재그 재봉을 한다.

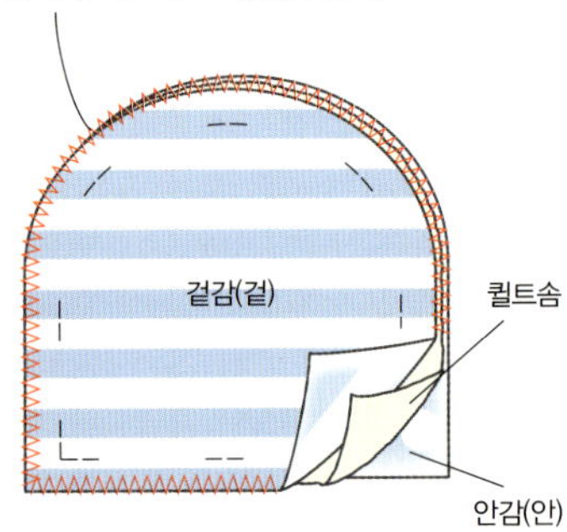

※2쌍 만든다.

2 지퍼와 바닥 천을 꿰매어 잇는다.

a. 위 막음쇠 · 아래 막음쇠 양옆과 중앙에 맞춤 표시를 한다.

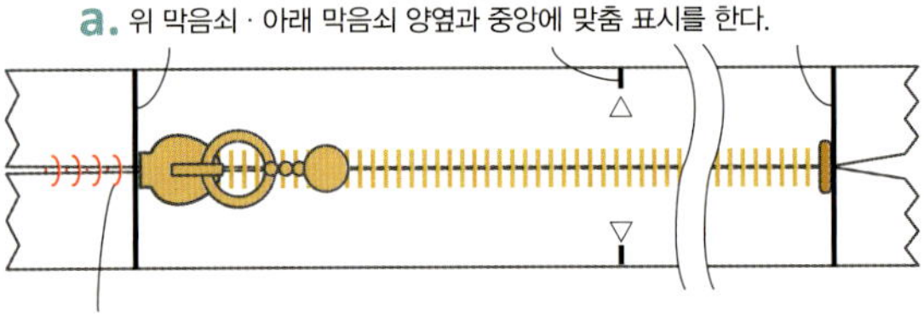

b. 위 막음쇠 위쪽을 맞대고 휘감친다.

c. 바닥 천 2장 사이에 지퍼를 그림과 같이 끼우고 양옆을 반박음질한다.

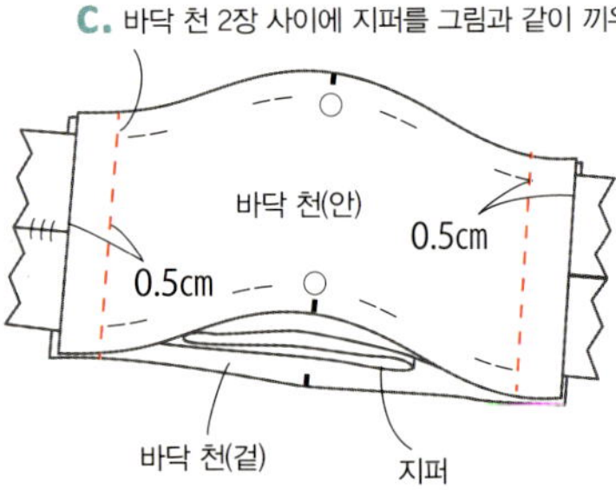

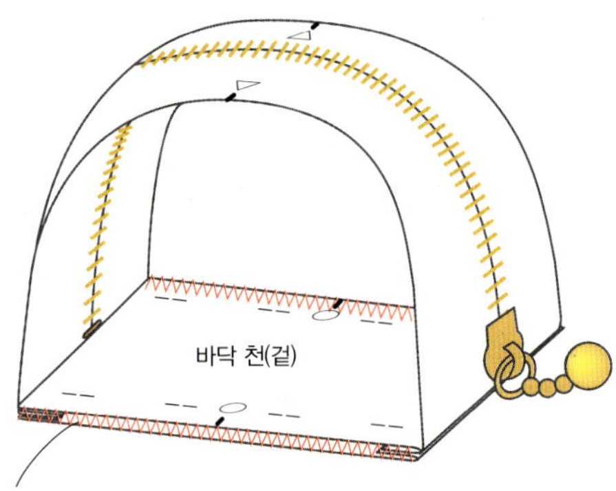

d. 겉으로 뒤집은 뒤 바닥 천을 2장 겹치고 지그재그 재봉을 한다.

3 **1**과 **2**를 맞춤 표시를 맞춰서 반박음질로 꿰매어 잇는다.

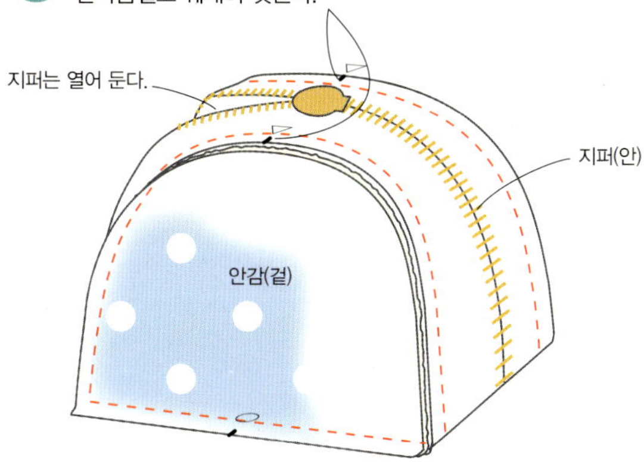

4 면 테이프로 천 가장자리를 감싸고 양쪽에서 감친다.

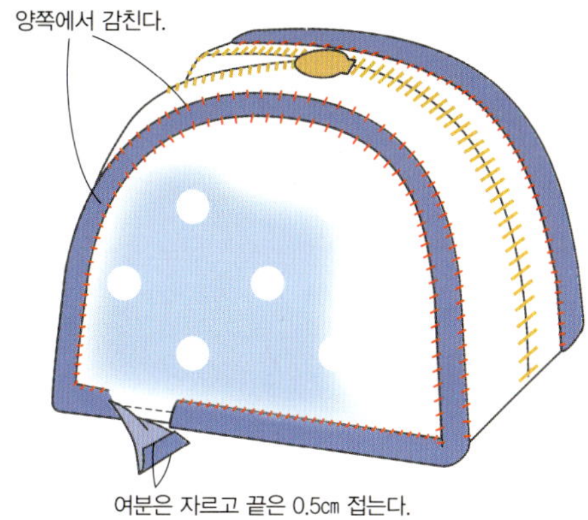

5 손잡이를 만들어 단다.

※2개 만든다.

a. 손잡이용 가죽 테이프에 4군데 송곳으로 구멍을 낸다.

b. 본체를 겉으로 뒤집고 **a**를 그림의 위치에 꿰매어 단다.

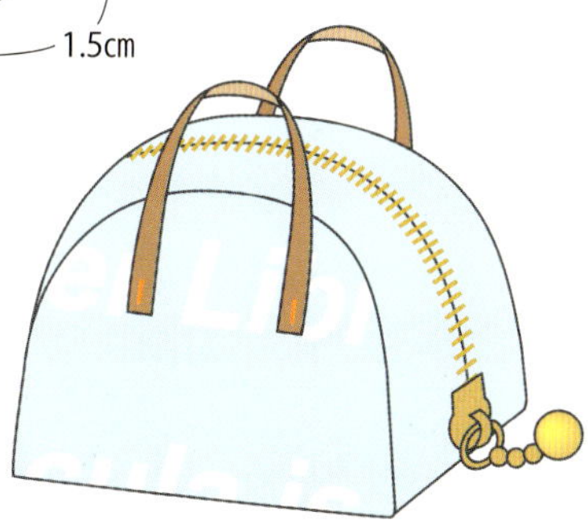

p.8 프티 그래니 백 컬렉션

재료 (1점 분량)
천……(대)겉감 · 안감 각 15×15㎝, 입구 천 10×10㎝ (소)겉감, 안감, 입구 천 각 10×10㎝
기타…(대)바깥지름 4×3㎝의 타원형 우드 링(IMP004) 2개
(소)바깥지름 3×2㎝의 타원형 우드 링(IMP003) 2개(우드 링 구입처는 p.96 참고)

치수 도안

- ( )안의 시접을 두고 재단한다.
- 사이즈는 대 · 소. 지정한 것 외에는 공통이다.

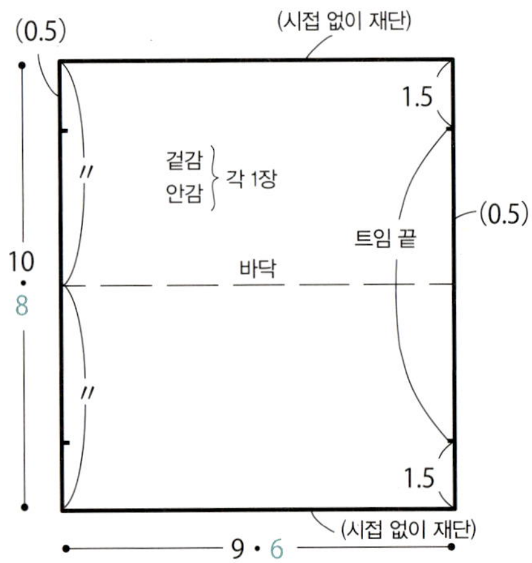

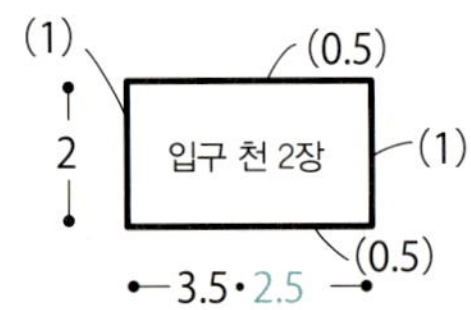

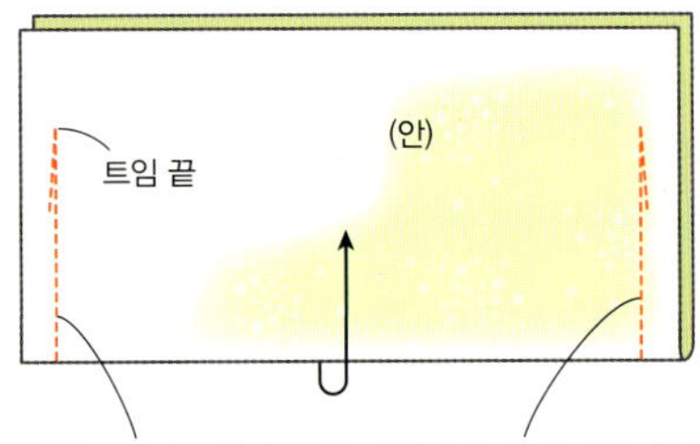

1 겉감 · 안감 모두 바닥에서 겉끼리 맞대어 접고 양옆을 트임 끝까지 꿰맨다.

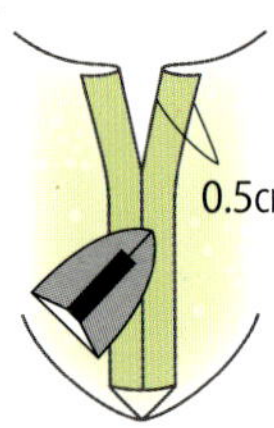

2 시접을 단단히 가르고 겉주머니는 겉으로 뒤집어 둔다.

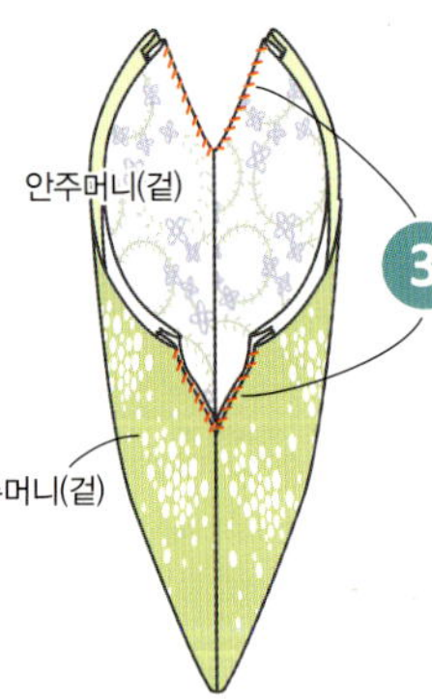

3 겉주머니와 안주머니를 안끼리 맞대고 트임 입구를 휘감친다.

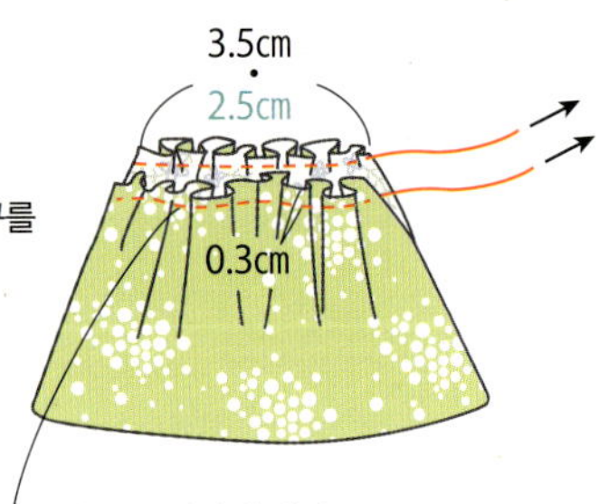

4 입구를 성기게 꿰매고 실을 당겨 3.5㎝(소는 2.5㎝)가 되게 주름을 잡는다.

5 입구 천을 단다.

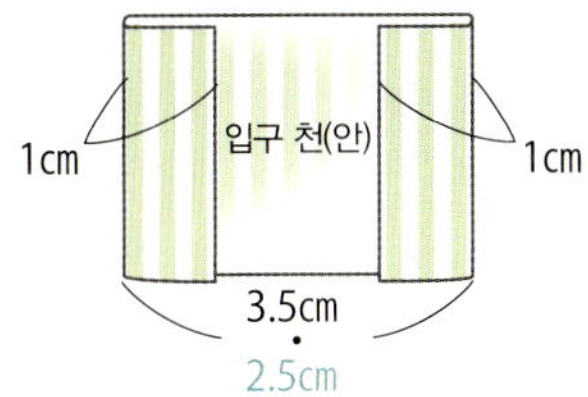

a. 그림과 같이 접는다.

b. 입구에 입구 천을 겉끼리 맞대고 반박음질한다.

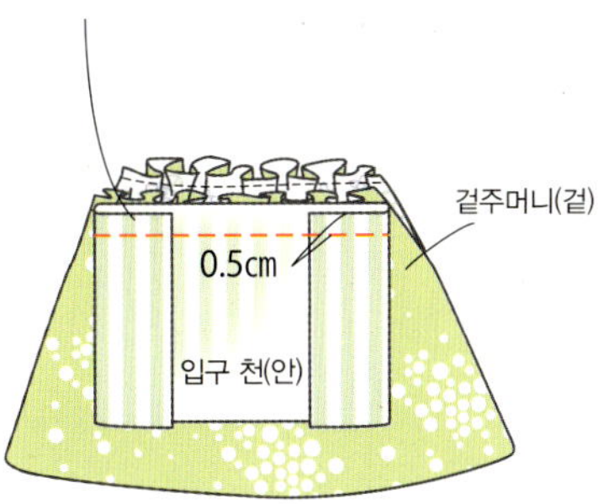

c. 안으로 뒤집고 입구 천을 들어 올려 0.5cm 접는다.

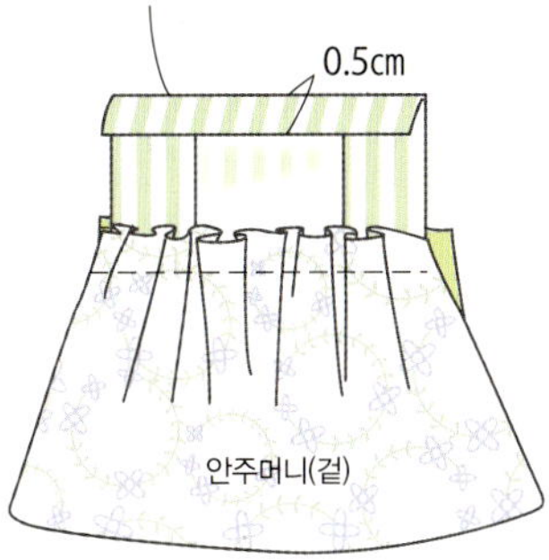

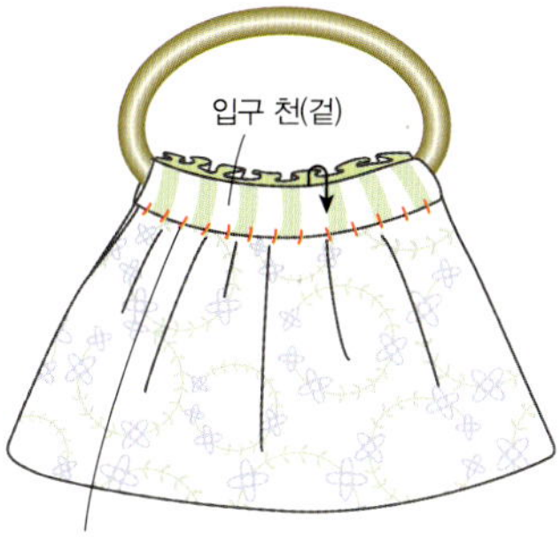

d. 우드 링을 입구 천으로 감싸고 안주머니에 감친다. 다른 한쪽의 입구도 똑같이 처리한다.

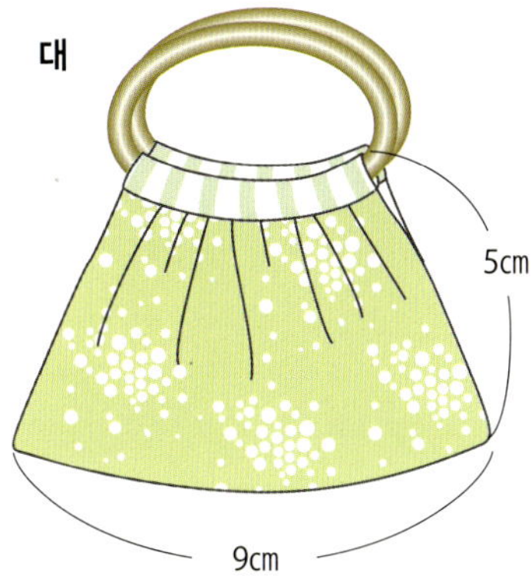

p.12 프티 마르셰 백 컬렉션

재료 (1점 분량)
천······겉감 · 안감 각 10×10㎝, 바닥 천 10×5㎝
기타···손잡이용 너비 0.6㎝의 테이프 25㎝, 태브용 너비 0.5㎝의 테이프 2㎝

치수 도안

● 시접 0.5㎝를 두고 재단한다.

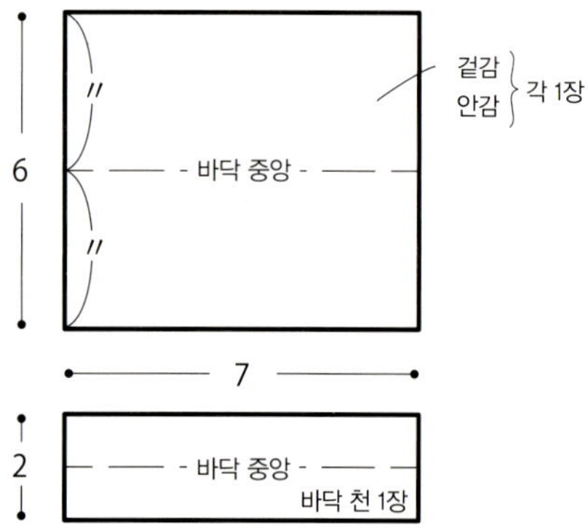

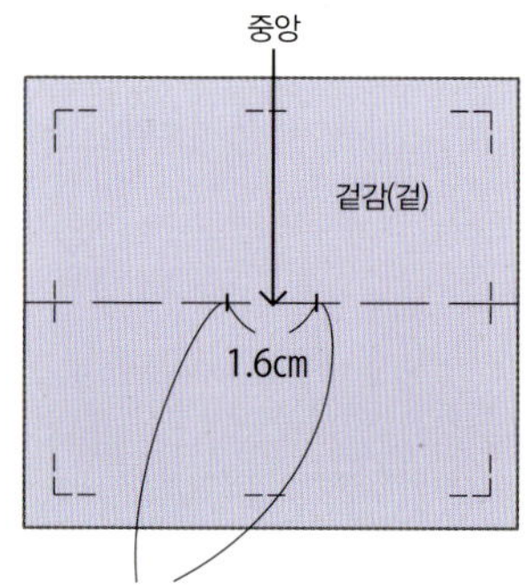

1 손잡이를 달기 위해 그림의 위치에 표시를 한다.

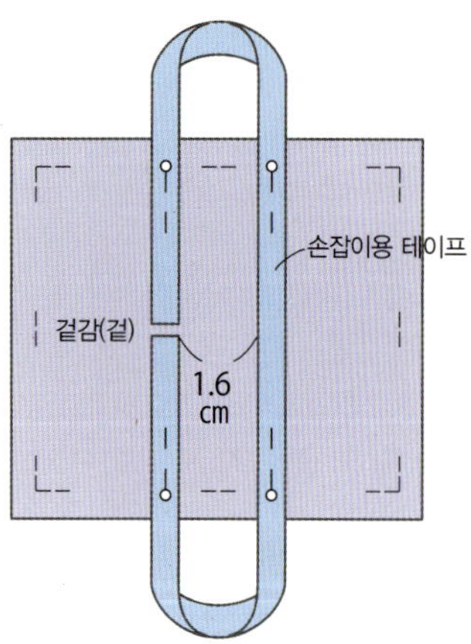

2 1의 표시를 따라 손잡이용 테이프를 올리고 임시 고정한다.

3 바닥 천의 시접을 접고 바닥 중앙을 맞춰 겉감에 올려서 꿰맨다.

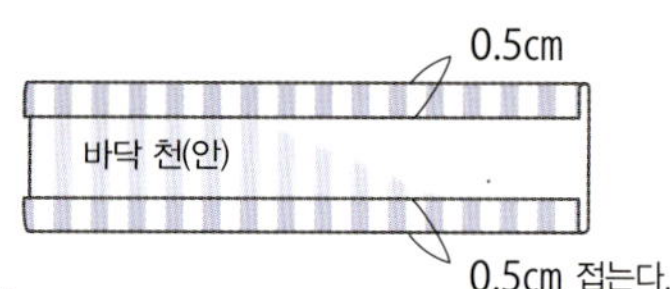

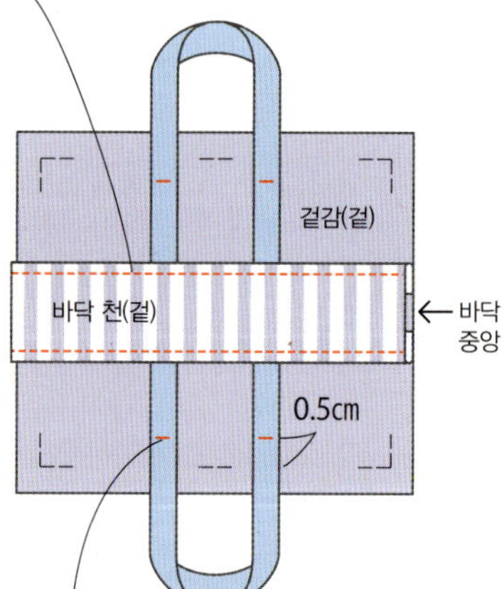

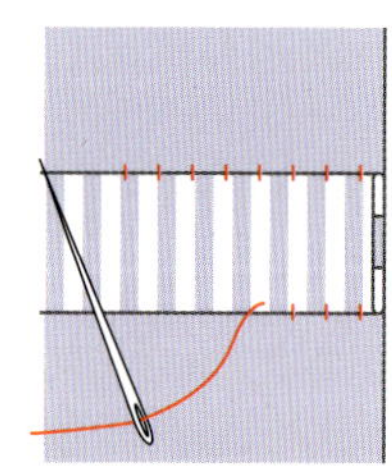

손바느질로 할 때는 감친다.

4 손잡이를 한 땀 꿰매어 고정한다.

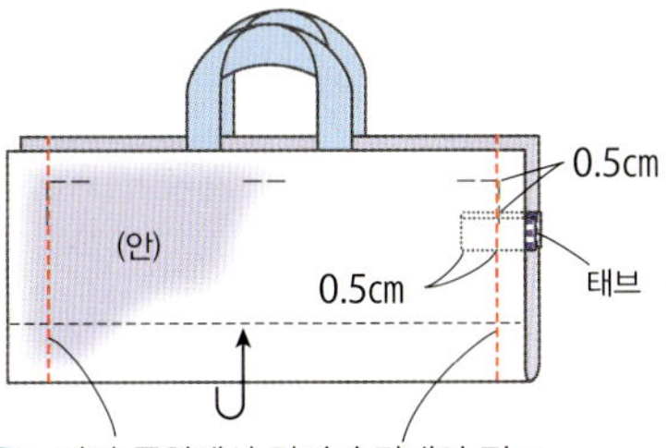

5 바닥 중앙에서 겉끼리 맞대어 접고
반으로 접은 태브를 끼워서 양옆을 꿰맨다.

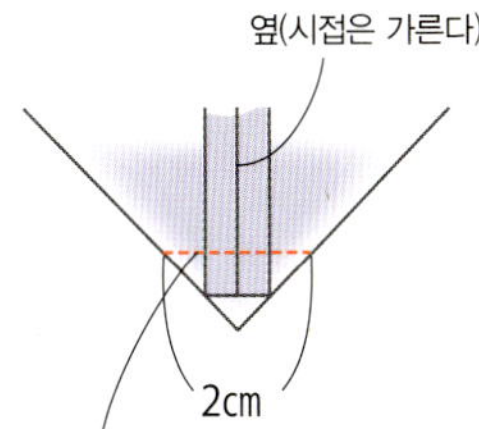

6 밑면을 꿰맨다.

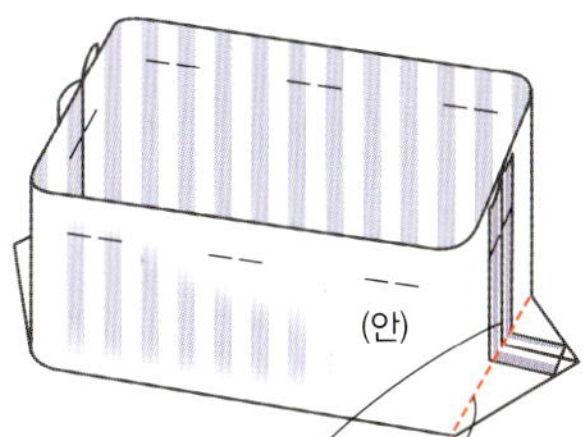

7 안감도 똑같이
옆면과 밑면을 꿰맨다.

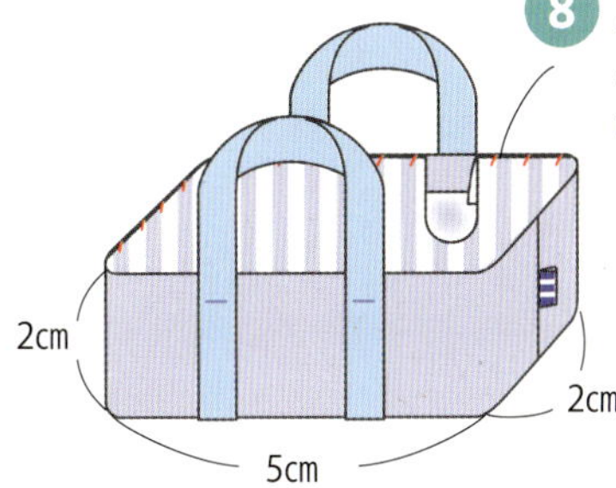

8 겉주머니와 안주머니 모두
입구의 시접을 0.5㎝ 안쪽으로
접어 안끼리 맞대고 입구를
빙 둘러 감친다.

p.14 종이봉투 스타일 백 컬렉션

재료 (1점 분량)

천……(대)겉감, 안감 각 25×30cm (소)겉감, 안감 각 15×20cm

기타…태그용 너비 1.2cm의 테이프 (대)4cm, (소)3cm
지름 0.3cm의 왁스 코드 (대)15cm 2개, (소)9cm 2개

치수 도안

- 시접 1cm를 두고 재단한다.
- 사이즈는 대 · 소.

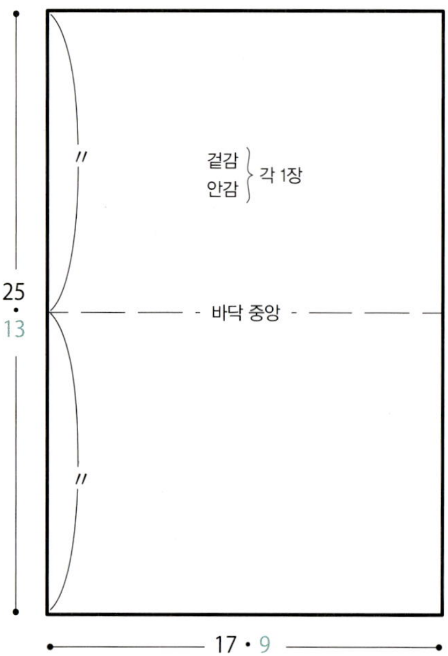

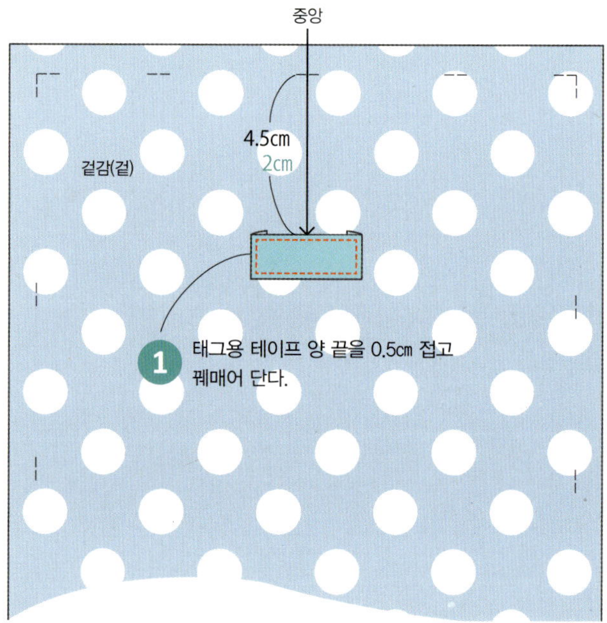

1 태그용 테이프 양 끝을 0.5cm 접고 꿰매어 단다.

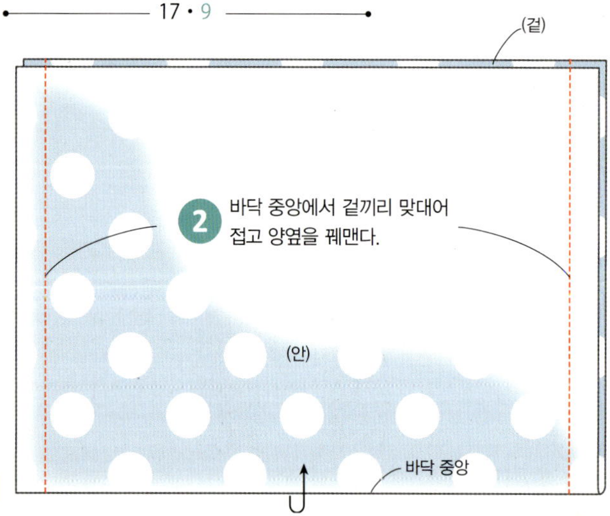

2 바닥 중앙에서 겉끼리 맞대어 접고 양옆을 꿰맨다.

3 밑면을 꿰맨다.

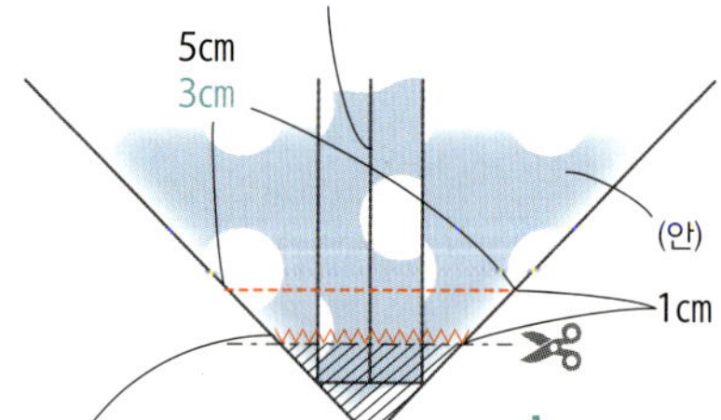

4 안주머니도 **2**~**3**과 같이 만든다.

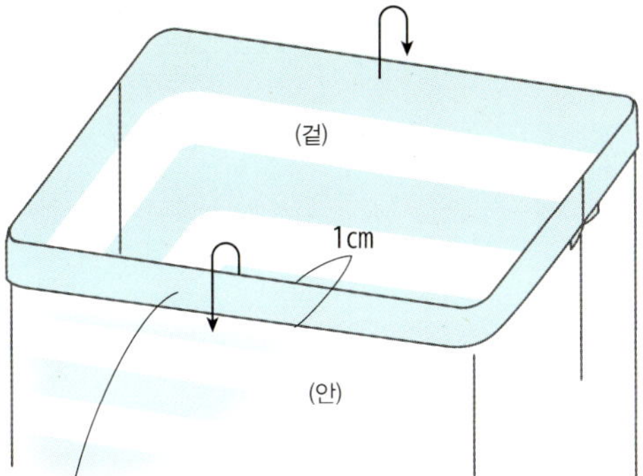

5 겉주머니 · 안주머니 모두 입구의 시접을 1cm 안쪽으로 접는다.

6 겉주머니와 안주머니를 안끼리 맞대고 왁스 코드를 끼워 시침질한 뒤 입구를 빙 둘러 꿰맨다.

7 모서리 4군데를 집어 꿰맨다.

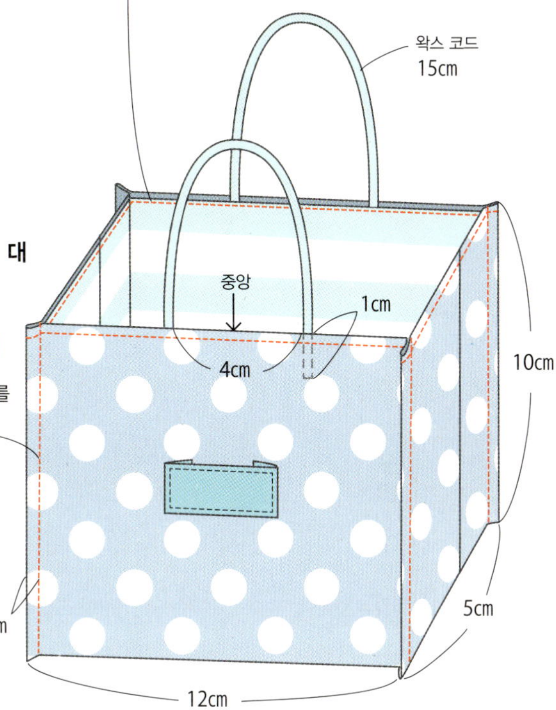

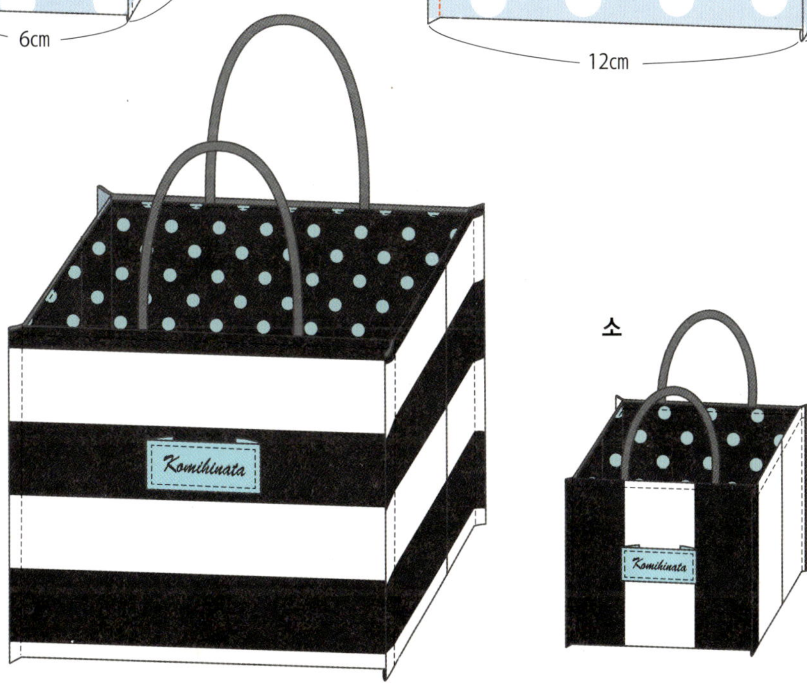

p.16 손잡이가 달린 빼끔 파우치 컬렉션

재료 (1점 분량)
천……(대 · 중)겉감 · 안감 각 20×25㎝, 바닥 천 20×10㎝ (소)겉감 · 안감 각 15×20㎝, 바닥 천 15×10㎝
기타…손잡이용 너비 1㎝의 테이프 (대)25㎝ 2개 (중)21㎝ 2개 (소)너비 0.5㎝의 테이프 14㎝ 2개,
태브용 너비 0.5㎝의 테이프 3.5㎝, 바네 (대)너비 1.5㎝ · 길이 10㎝ (중)길이 8㎝ (소)너비 1㎝ · 길이 5㎝

치수 도안

- 시접 1㎝를 두고 재단한다.
- 사이즈는 대 · 중 · 소.
  2개만 적힌 경우에는 대와 중이 공통이다.

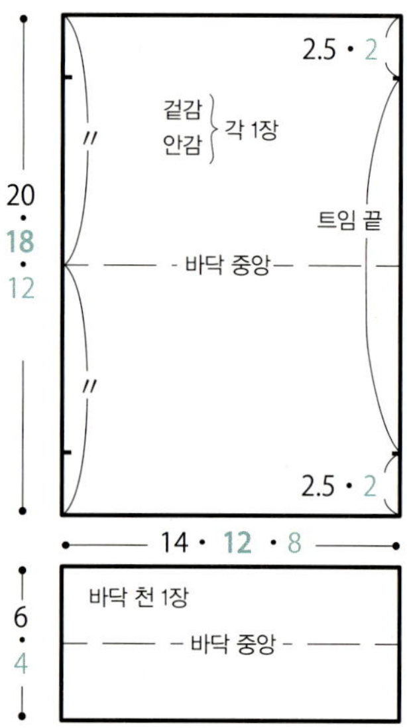

b. 손잡이용 테이프를 끼워서 바닥 천을 겉감에 꿰매어 단다. 테이프는 시침핀이나 임시 고정용 풀로 고정해 둔다.

1 바닥 천과 손잡이를 겉감에 단다.

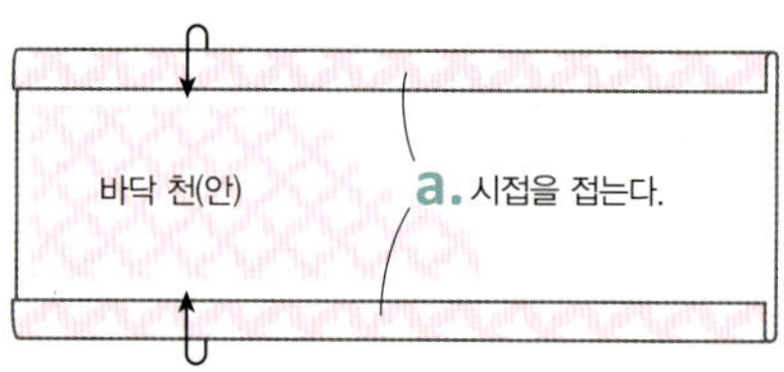

c. 손잡이용 테이프를 꿰매어 단다.

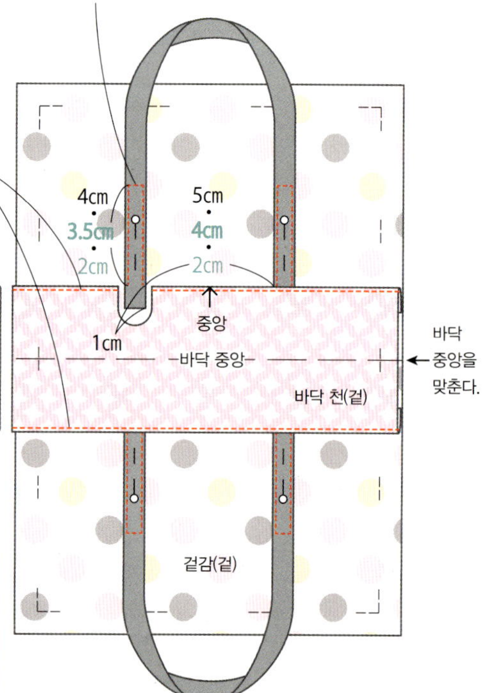

2 1과 안감을 겉끼리 맞대어 입구를 꿰맨다.

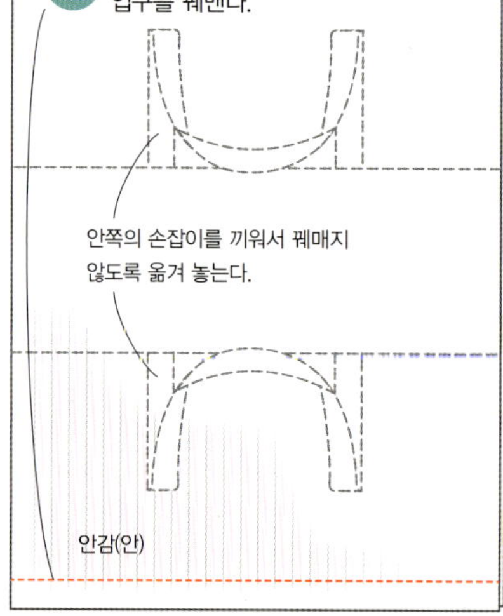

3 **2**를 그림과 같이 접고
겉감에는 반으로 접은 태브를 끼운다.
양옆을 트임 끝까지 꿰맨다.

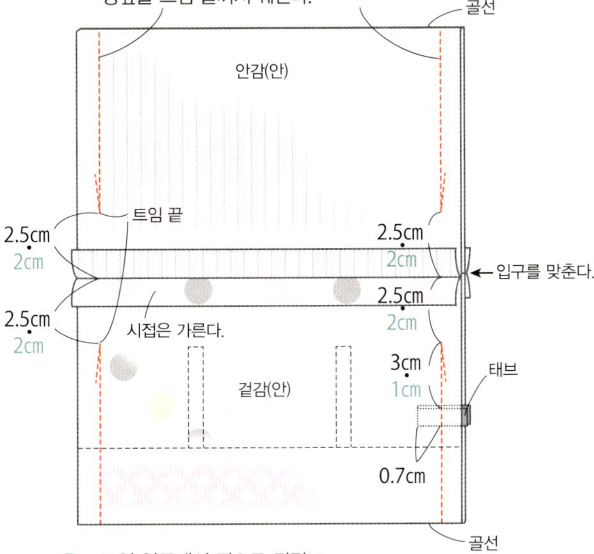

4 옆면의 시접을 단단히 가르고
그림과 같이 트임 입구를 각각
꿰맨다(꿰매기 힘든 부분이므로
손바느질이라도 괜찮다).

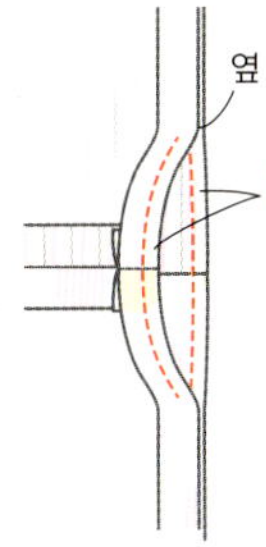

5 밑면을 꿰맨다(4군데).

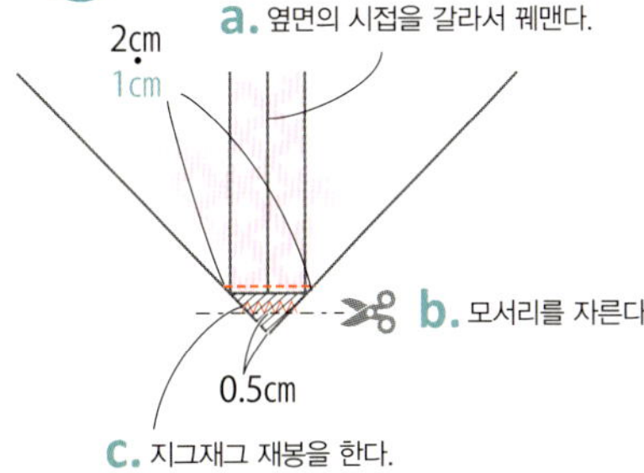

6 트임 입구에서 겉으로 뒤집고
입구를 꿰매어 바네 끼우는 부분을 만든다.

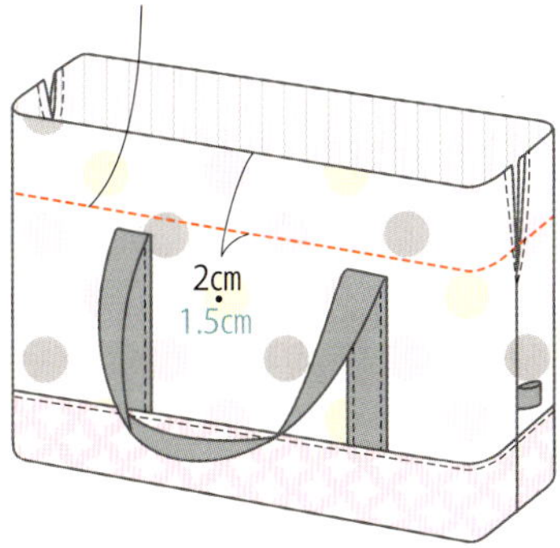

7 트임 입구에서 바네를 끼우고
부속 핀으로 고정한다.

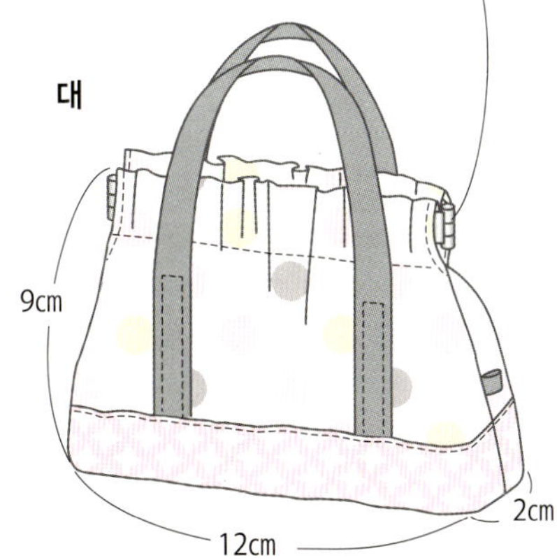

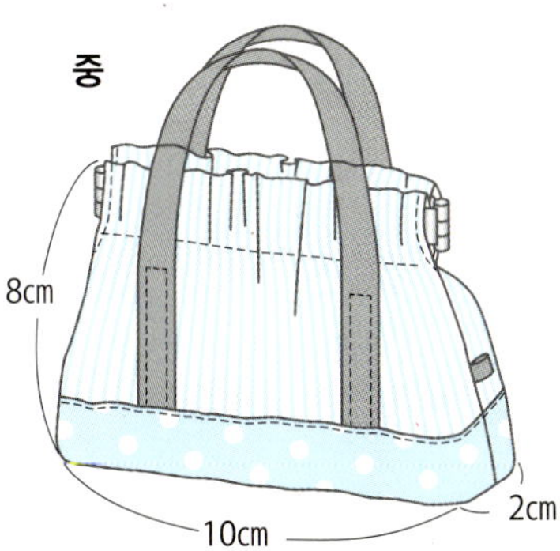

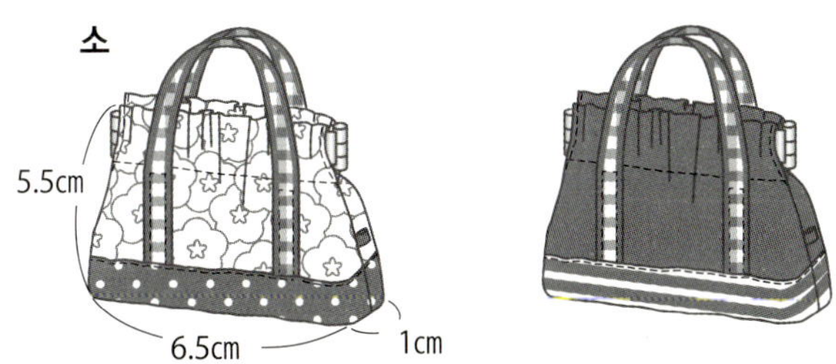

p.18 스마트폰 & IC카드 파우치

재료 **천**……겉감 위쪽 · 안감 위쪽 각 15×10㎝, 겉감 아래쪽 · 안감 아래쪽 각 15×20㎝, 뒷면 천(누빔) 15×25㎝, 주머니 천 15×20㎝, 파이핑 천 65×65㎝

기타…태그용 너비 1.2㎝의 테이프 4㎝, 너비 2㎝의 능직 테이프 70㎝, 안지름 2.2㎝의 D링 · 붕어 고리 각 1개, 너비 2.5㎝ · 길이 10㎝의 지퍼, 똑딱단추(중) 1쌍

치수 도안

●(　)안의 시접을 두고 재단한다.

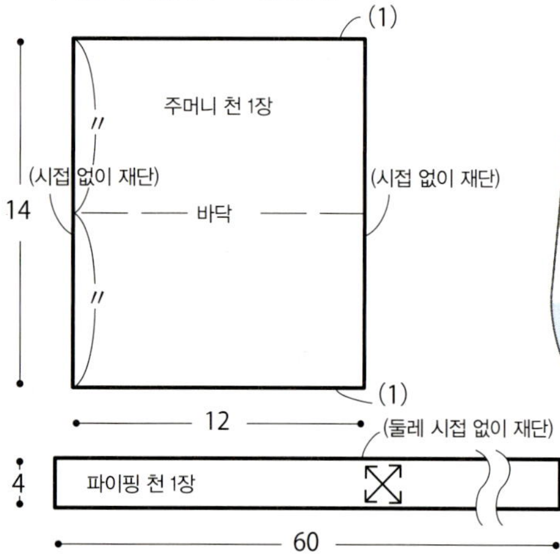

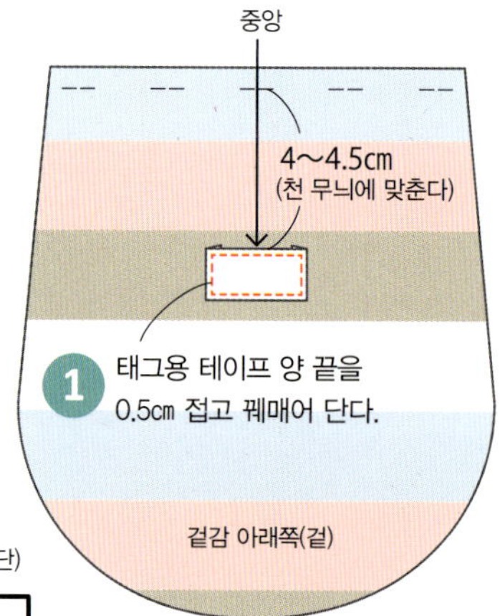

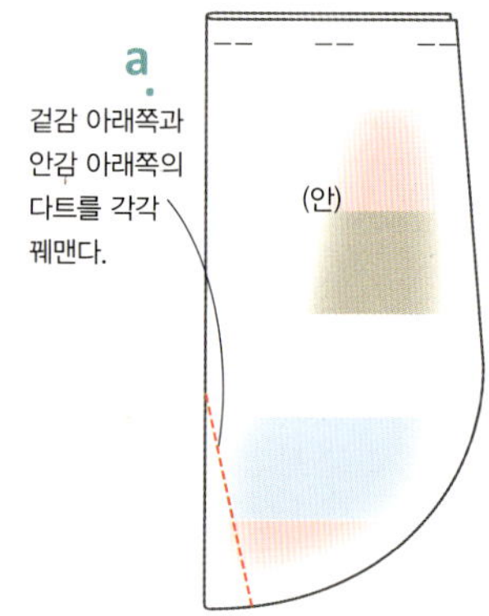

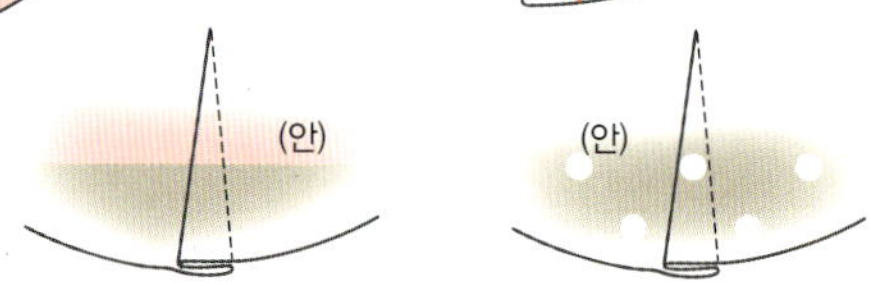

종이 본(실물 크기의 ½, 200%로 확대 복사해 사용)

●(　)안의 시접을 두고 재단한다.
지정한 것 외에는 시접을 두지 않고 재단한다.

●'골선'에서 대칭으로 재단한다.

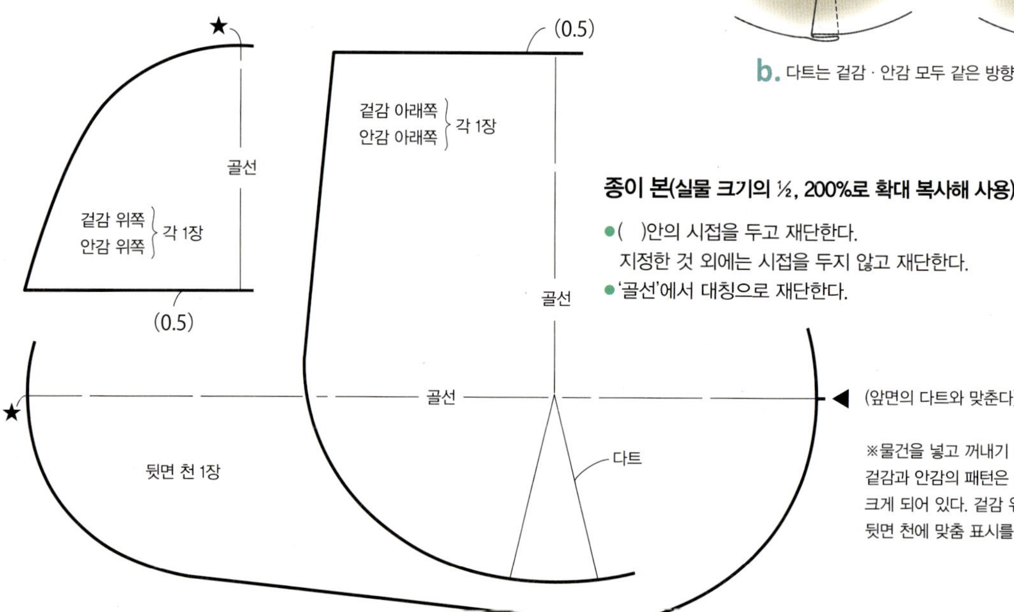

※물건을 넣고 꺼내기 쉽게 겉감과 안감의 패턴은 뒷면 천보다 크게 되어 있다. 겉감 위쪽, 안감 위쪽, 뒷면 천에 맞춤 표시를 해둔다.

3 지퍼를 단다.

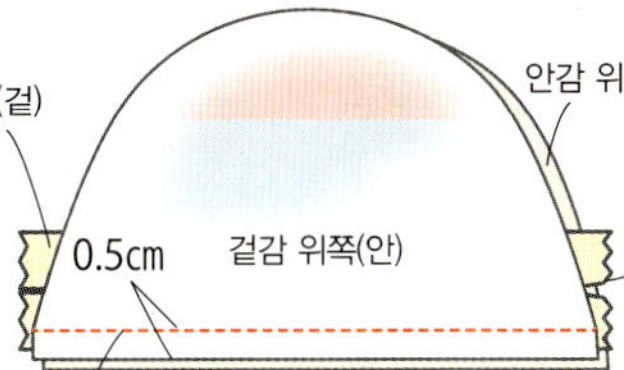

a. 겉감 위쪽과 안감 위쪽 사이에 지퍼를 끼워 겉끼리 맞대고 꿰맨다.

b. 겉감 위쪽과 안감 위쪽을 솔기에서 겉으로 뒤집은 뒤 겉감 아래쪽과 안감 아래쪽 사이에 지퍼를 끼워 겉끼리 맞대고 꿰맨다.

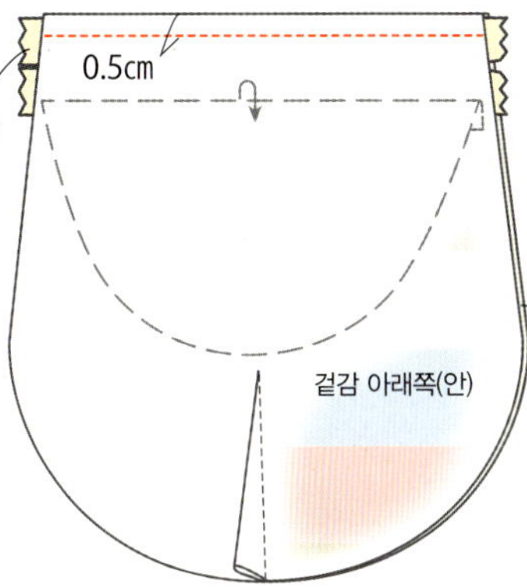

c. 겉감 아래쪽과 안감 아래쪽도 솔기에서 겉으로 뒤집고 위아래 모두 겉감 가장자리를 꿰맨다.

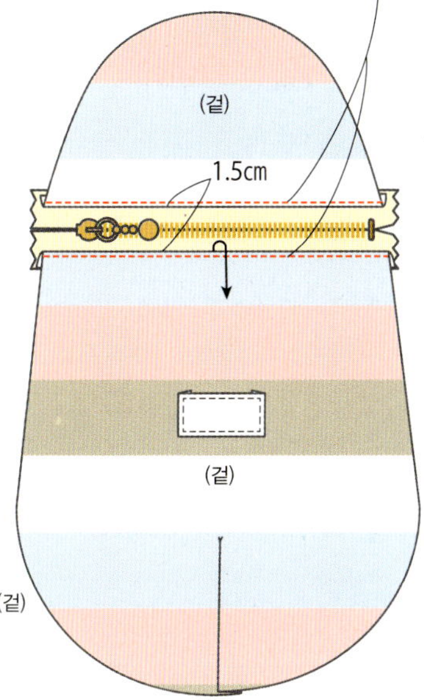

4 뒷면 천에 능직 테이프를 단다.

a. 붕어 고리를 끼우고 1.5㎝ 집어서 꿰맨다.

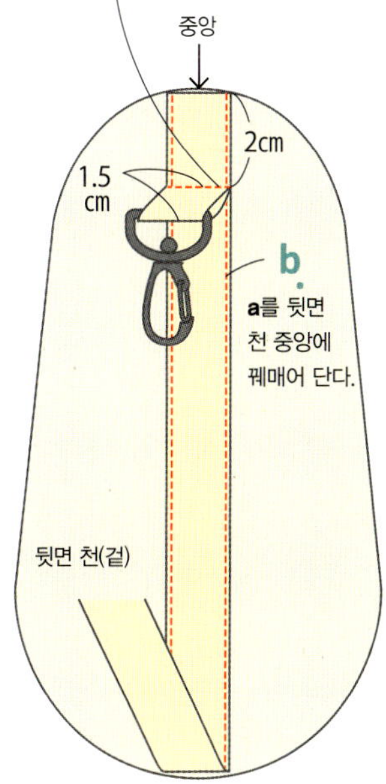

b. a를 뒷면 천 중앙에 꿰매어 단다.

5 주머니를 만들고 단다.

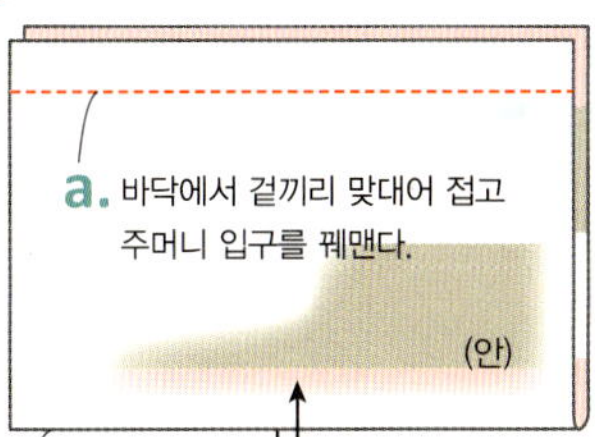

a. 바닥에서 겉끼리 맞대어 접고 주머니 입구를 꿰맨다.

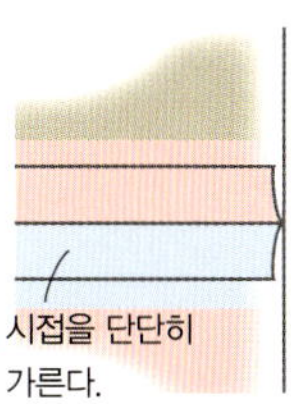

b. 시접을 단단히 가른다.

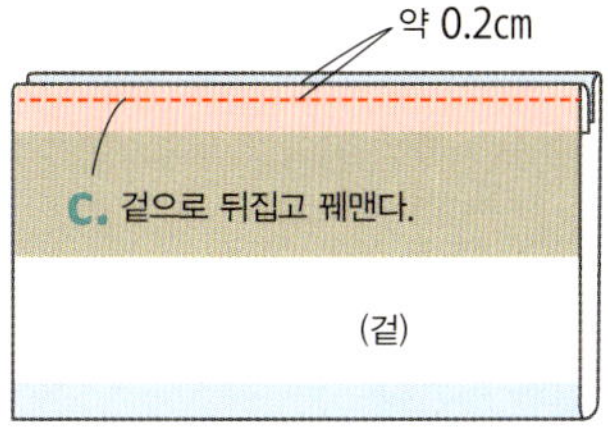

c. 겉으로 뒤집고 꿰맨다.

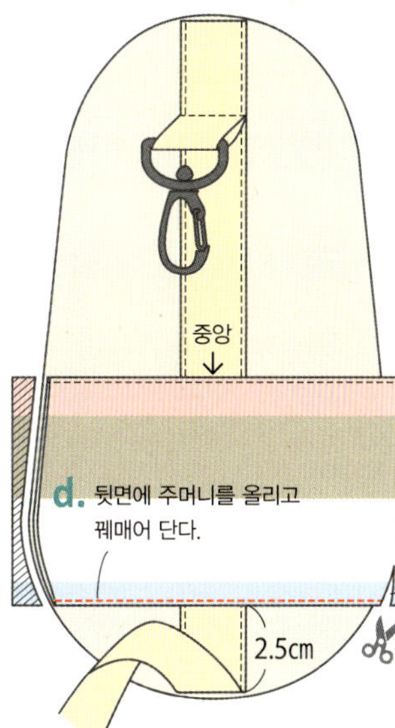

d. 뒷면에 주머니를 올리고 꿰매어 단다.

e. 양옆의 비어져 나온 부분을 자른다.

다음 페이지로

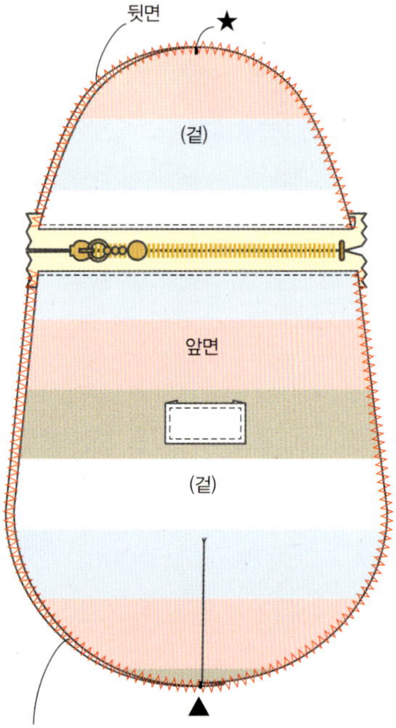

6 앞면과 뒷면을 안끼리 맞대고
(맞춤 표시를 맞춘다) 둘레에
지그재그 재봉을 한다(※).

7 파이핑을 한다.

a. 파이핑 천을 겉끼리 맞대어 꿰맨다.

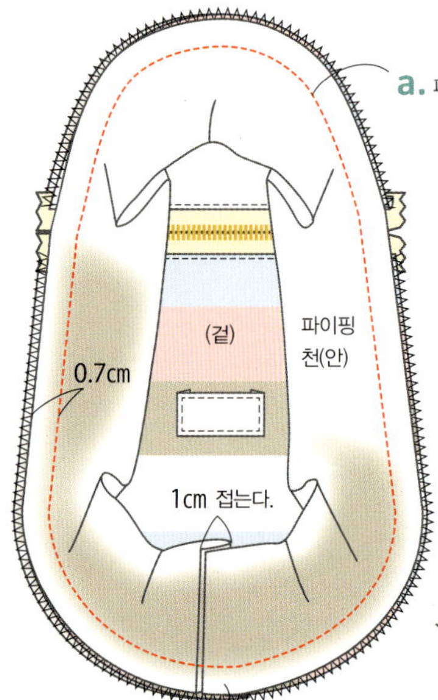

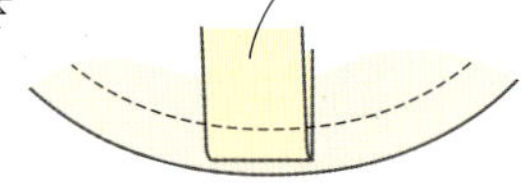

뒷면의 능직 테이프 아래쪽은
접어 올려서 함께 꿰맨다.

b. 천 가장자리를 감싸서 감친다.

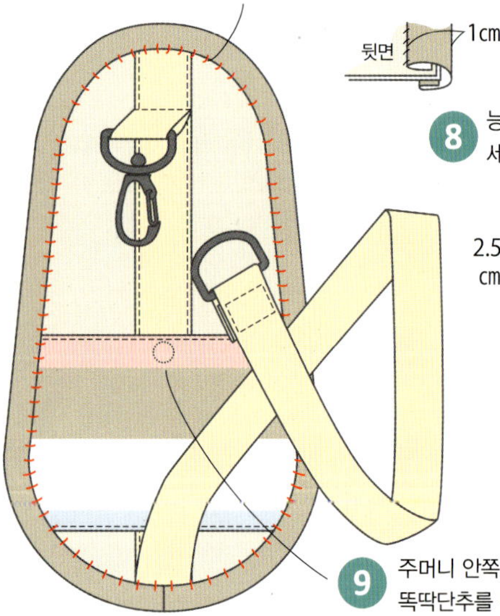

8 능직 테이프에 D링을 끼운 뒤
세 겹으로 접고 꿰맨다.

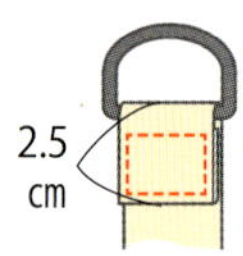

9 주머니 안쪽과 뒷면에
똑딱단추를 꿰매어 단다.

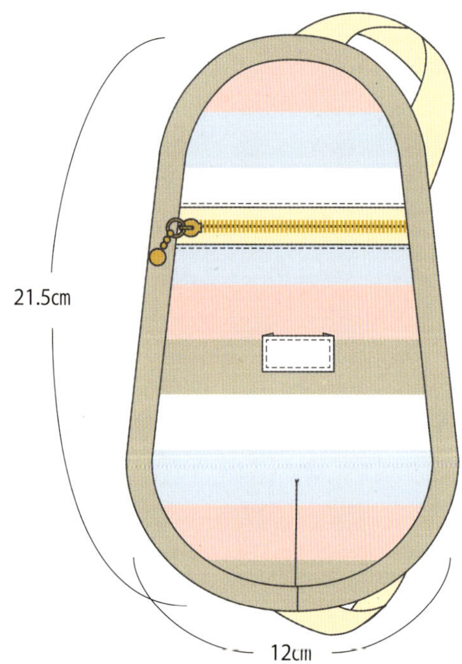

※앞면과 뒷면은 패턴이 다르므로 반드시 맞춤 표시를 맞추고 시침질을 한 뒤 꿰맨다.
다 꿰매고 나면 앞면이 약간 불룩한 모양이 된다.

p.10 삼각 파우치 컬렉션

재료 (1점 분량)

천……(대)겉감 위쪽 25×15㎝, 겉감 아래쪽 25×5㎝, 안감 25×15㎝, 파이핑 천 15×10㎝
(중)겉감 위쪽 20×10㎝, 겉감 아래쪽 20×5㎝, 안감 20×15㎝, 파이핑 천 15×10㎝
(소)겉감 · 안감 각 15×10㎝, 파이핑 천 10×10㎝

기타…접착 퀼트솜 (대 · 중)각 25×15㎝ (소)15×10㎝
(공통)너비 2.5㎝ · 길이 20㎝의 플랫 니트 지퍼, 너비 1㎝의 테이프 4㎝, 안지름 1㎝의 D링 1개

치수 도안

- ( )안의 시접을 두고 재단한다. 지정한 것 외에는 시접을 두지 않고 재단한다.
- 사이즈는 대 · 중 · 소. 지정한 것 외에는 공통이다.

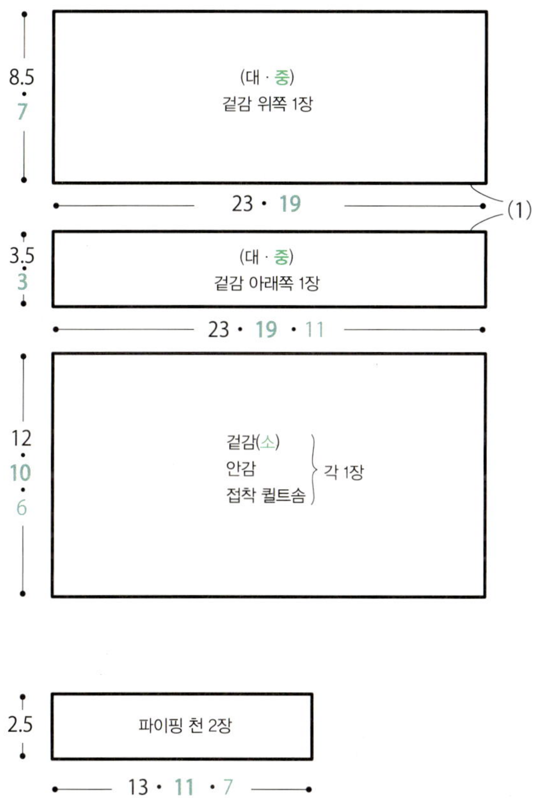

1 겉면을 만든다 (소는 C만).

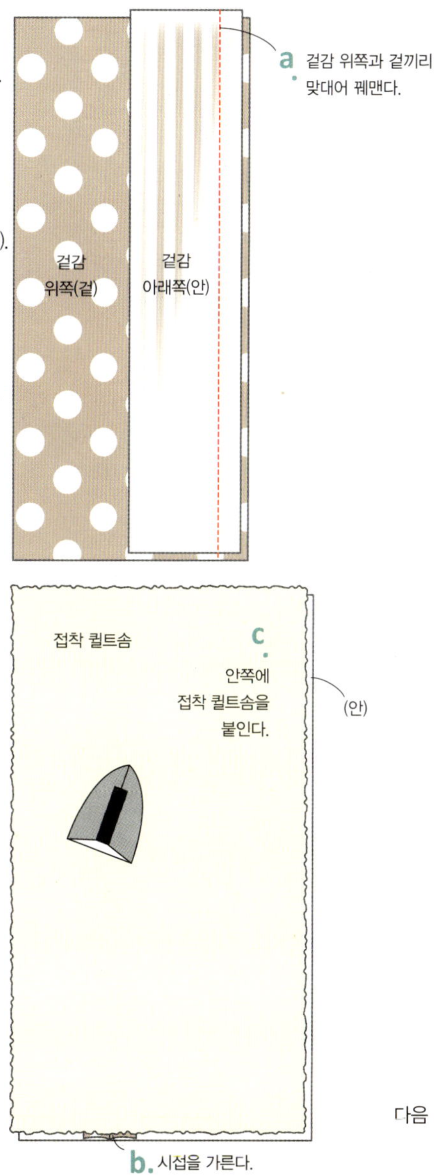

다음 페이지로

2 지퍼를 단다.

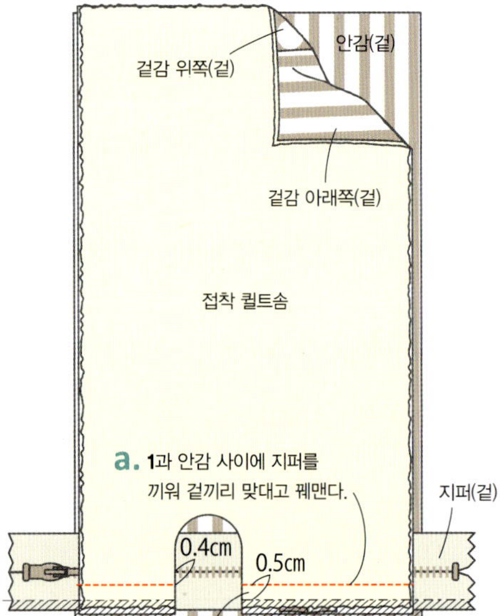

a. **1**과 안감 사이에 지퍼를 끼워 겉끼리 맞대고 꿰맨다.

b. 시접 너비가 0.5cm가 되게 지퍼와 천 가장자리를 자른다.

c. 겉감 · 안감 모두 **a**의 솔기에서 겉으로 뒤집는다.

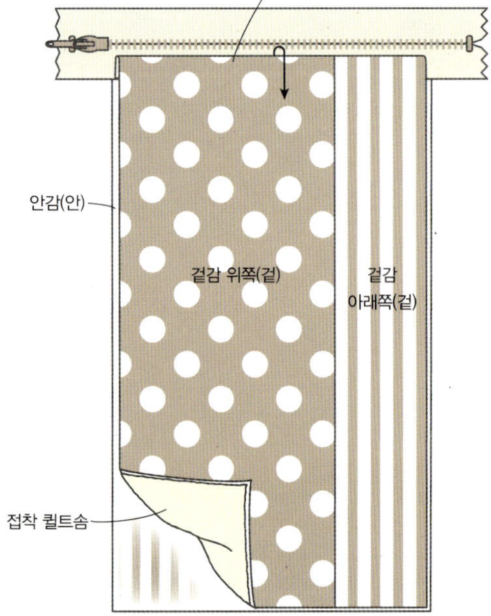

d. 그림과 같이 겉감, 안감을 각각 겉끼리 맞대어 접어 올리고 꿰맨다.

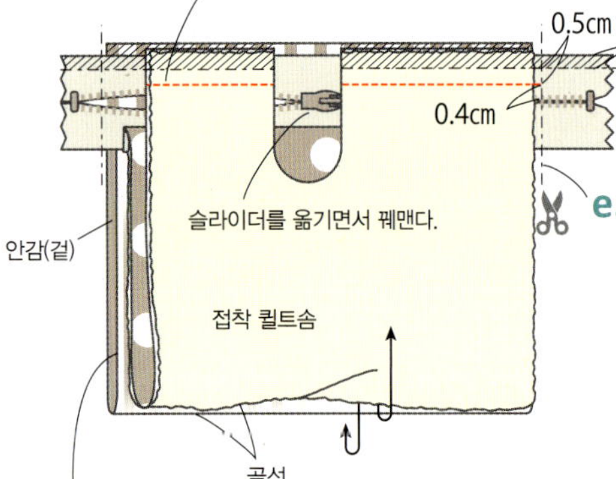

e. 지퍼 양 끝의 여분을 자른다.

f. 시접 너비가 0.5cm가 되게 지퍼와 천 가장자리를 자른다.

3 이곳을 통해 겉으로 뒤집는다.

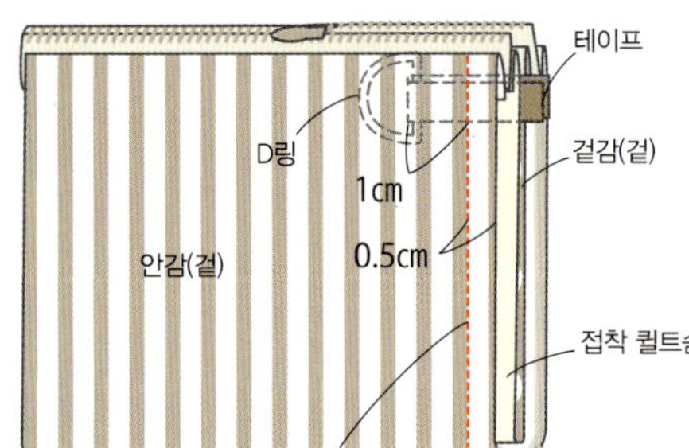

4 테이프에 D링을 끼우고 반으로 접은 뒤 한쪽 옆면에 끼워서 꿰맨다.

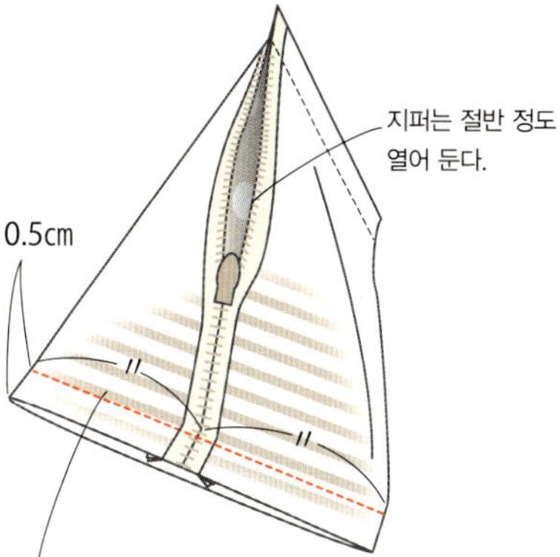

5 지퍼를 중앙에 놓고 다른 한쪽 옆면을 접어 꿰맨다.

6 시접을 파이핑한다.

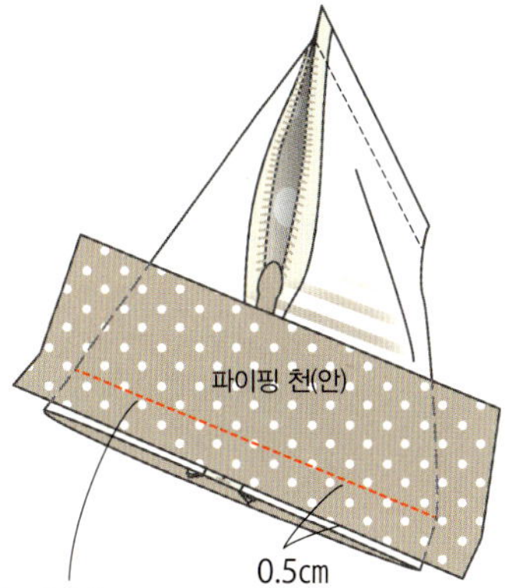

a. 꿰맨다.

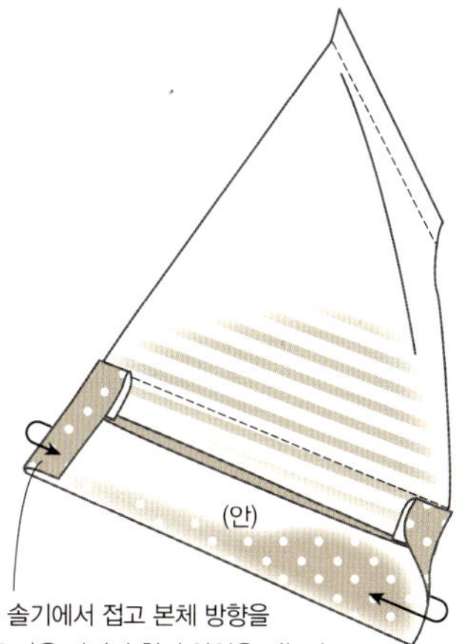

b. **a**의 솔기에서 접고 본체 방향을 바꾼 다음 파이핑 천의 양옆을 접는다.

d. 다른 한 변도 똑같이 파이핑한다.

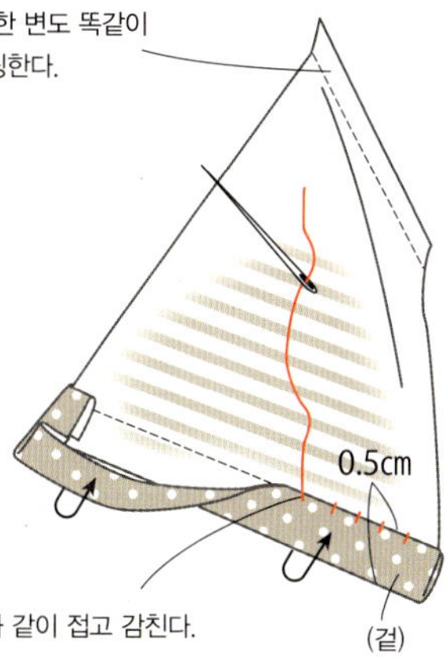

c. 그림과 같이 접고 감친다.

7 지퍼를 통해 겉으로 뒤집는다.

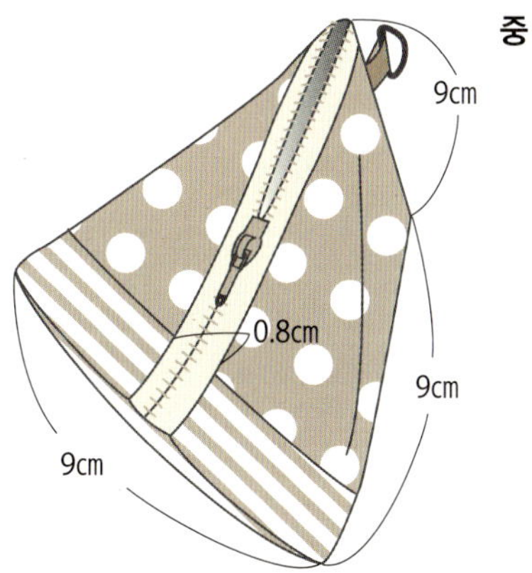

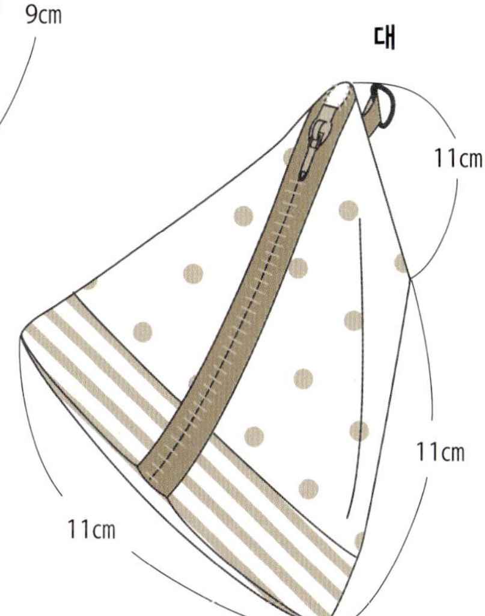

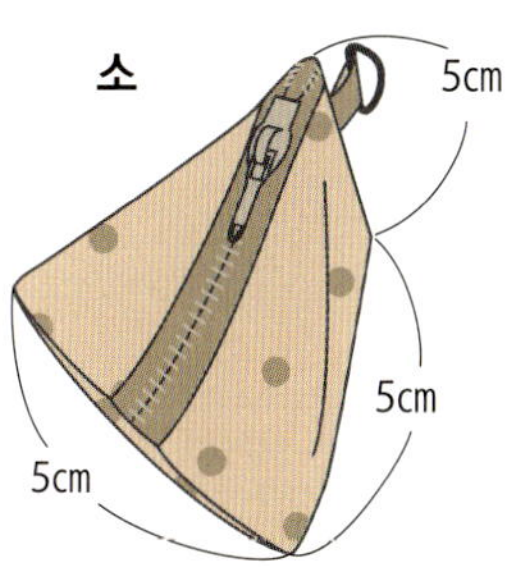

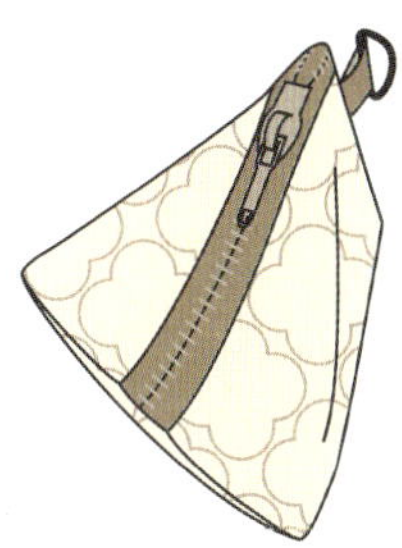

p.20 접는 우산 케이스(세로형)

재료 **천**……겉감 · 안감(라미네이트) 각 25×30㎝, 장식 천(라미네이트) · 태그 천 각 5×5㎝
기타…지름 약 0.3㎝의 둥근 끈 62㎝, 태브용 너비 1㎝의 테이프 3.5㎝

치수 도안

●(　)안의 시접을 두고 재단한다.

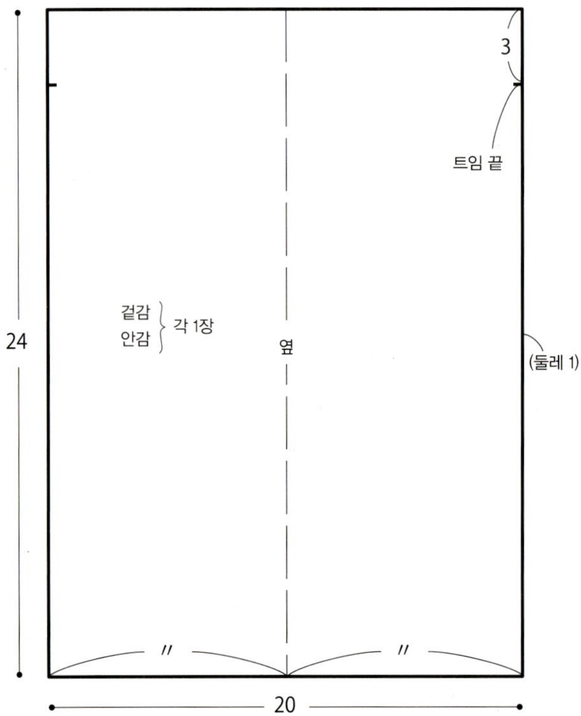

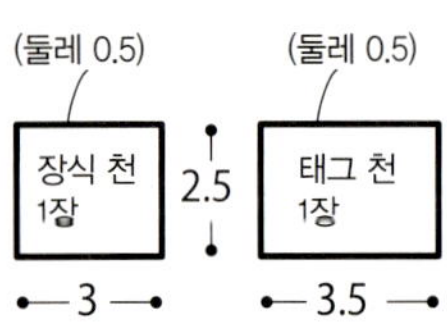

1 태그 천을 단다.

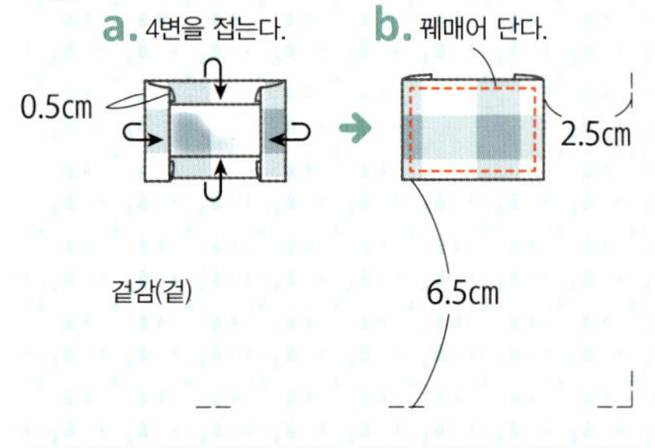

2 입구를 꿰맨다.

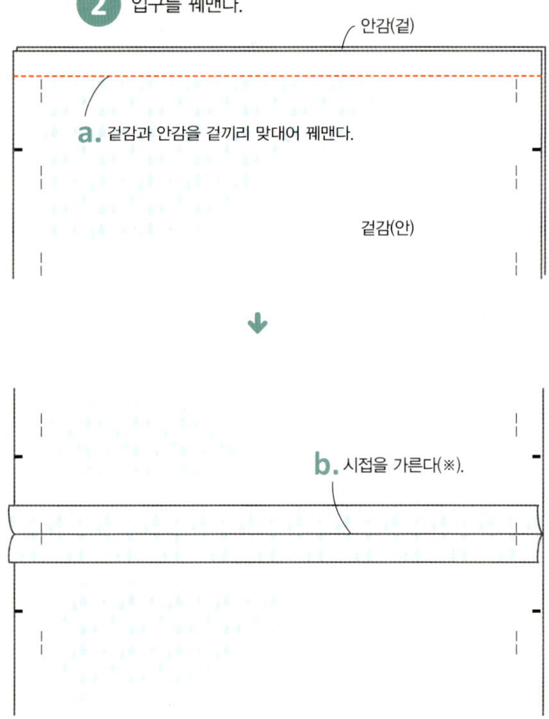

※라미네이트 천은 다리미로 다리지 않고
솔기를 손가락으로 눌러서 벌린다.

3 **2**를 옆면에서 겉끼리 맞대어 접고 겉감에는 반으로 접은 태브를 끼운다. 바닥부터 옆면 트임 끝까지 꿰맨다.

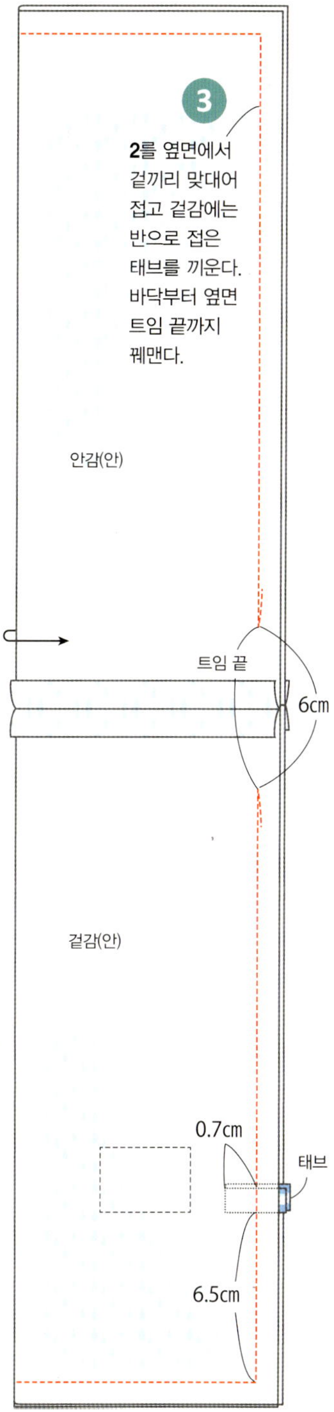

4 옆면의 시접을 단단히 가르고 그림과 같이 트임 입구를 꿰맨다(꿰매기 힘든 부분이므로 손바느질이라도 괜찮다).

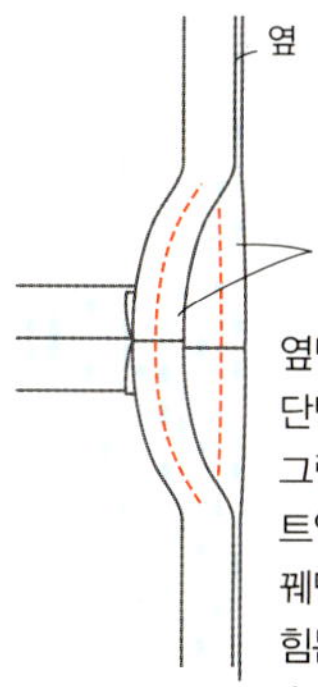

5 겉감, 안감의 밑면을 각각 꿰맨다(4군데).

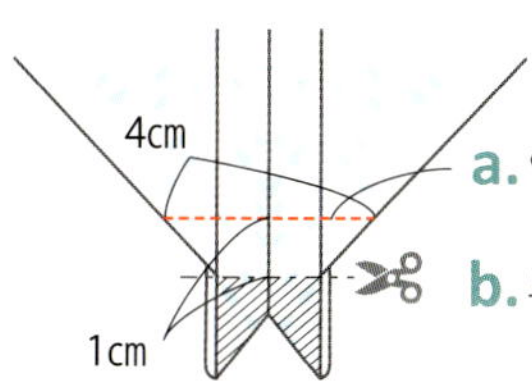

a. 옆면을 꿰맨다.

b. 모서리를 자른다.

6 트임 입구에서 겉으로 뒤집고 입구를 2줄 빙 둘러 꿰매어 끈 끼우는 부분을 만든다.

7 끈을 끼운다.

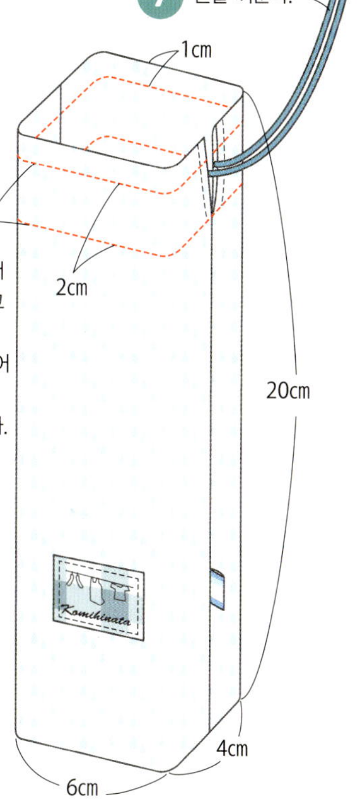

8 장식 천을 만들고 단다.

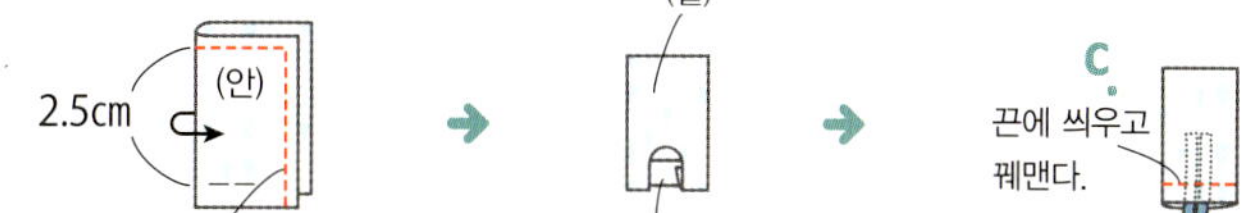

a. 겉끼리 맞대어 반으로 접고 그림과 같이 꿰맨다.

b. 겉으로 뒤집고 트임 입구를 0.5cm 안쪽으로 접는다.

p.21 접는 우산 케이스(가로형)

재료 **천**(겉감 이외 라미네이트)……겉감 · 바닥 천 각 35×15cm, 안감 30×25cm, 덮개 천 20×20cm, 고리용 천 5×5cm, 손잡이용 천 35×5cm

기타…지름 1cm의 자석 단추(꿰매 다는 타입) 1쌍, 태그용 너비 1.3cm의 테이프 5cm, 안지름 1cm의 D링 · 붕어 고리 각 1개

치수 도안

● (　)안의 시접을 두고 재단한다.

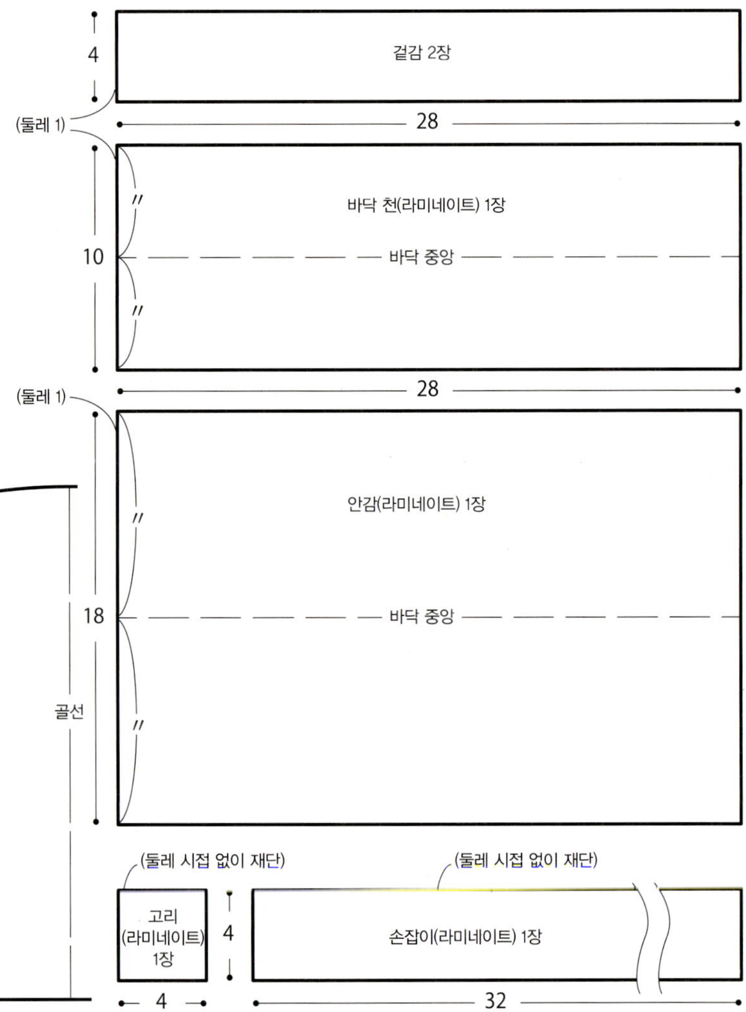

실물 크기 종이 본

● (　)안의 시접을 두고 재단한다.
● '골선'에서 대칭으로 재단한다.

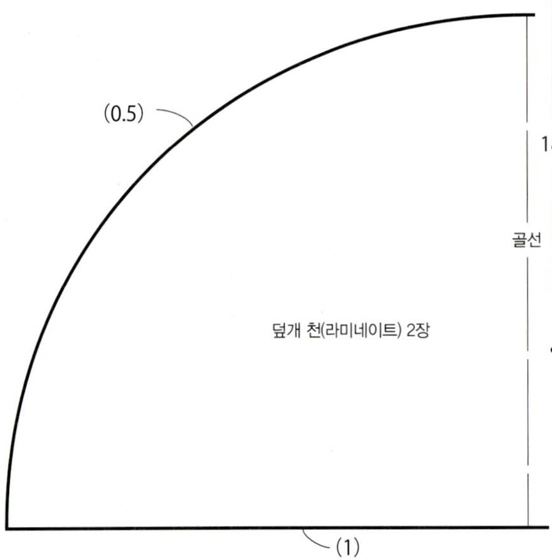

1 겉주머니를 만든다.

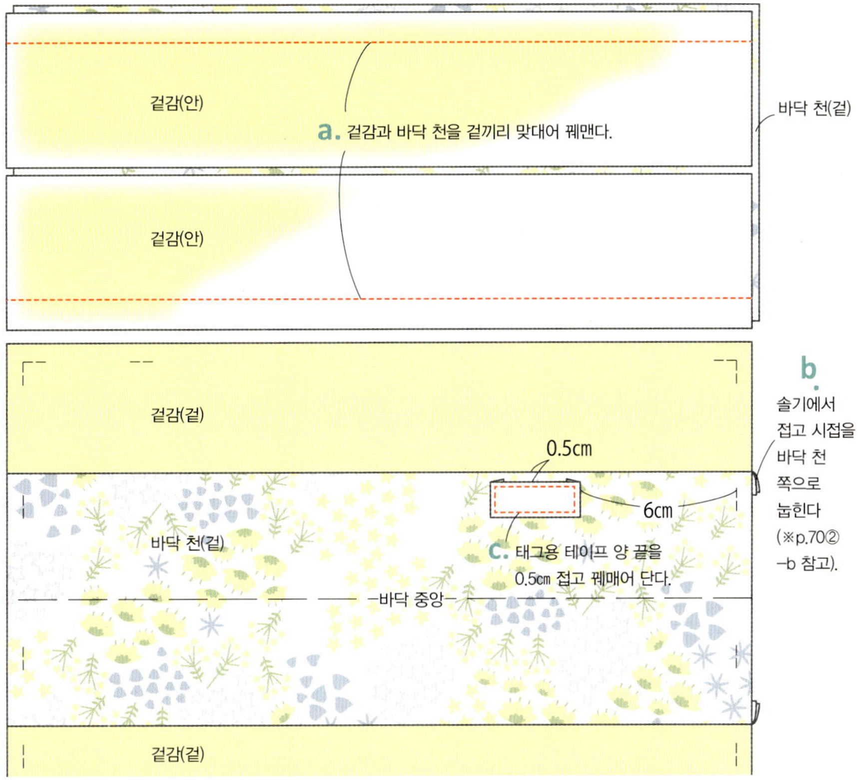

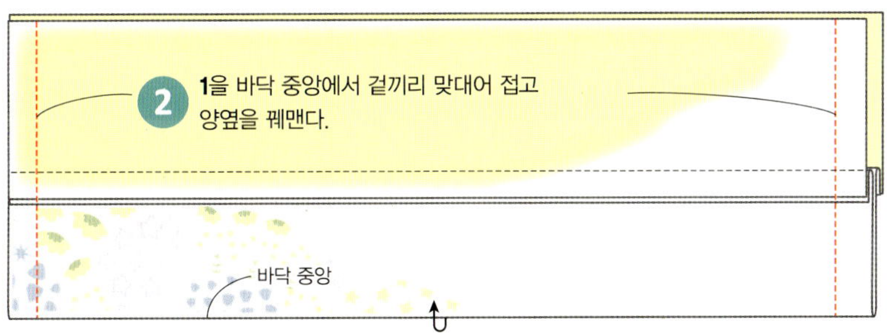

3 밑면을 꿰맨다.

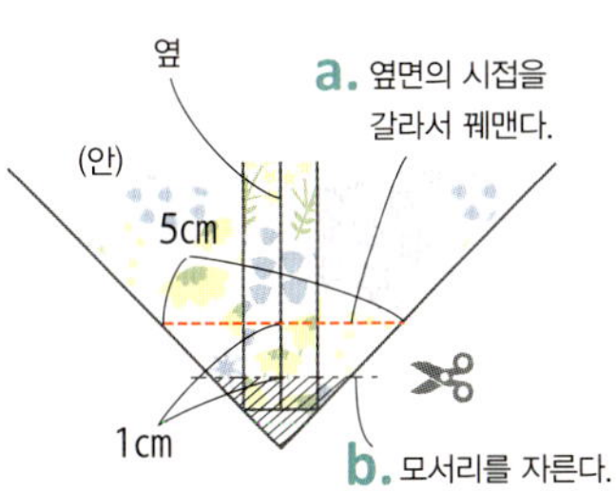

다음 페이지로

5 손잡이와 고리를 만든다.

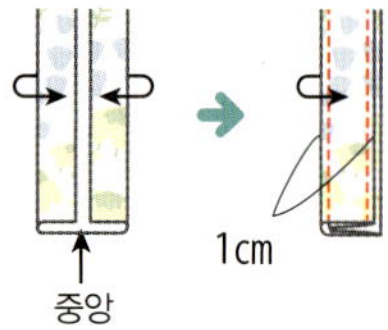

a. 각각 그림과 같이 접고 꿰맨다.

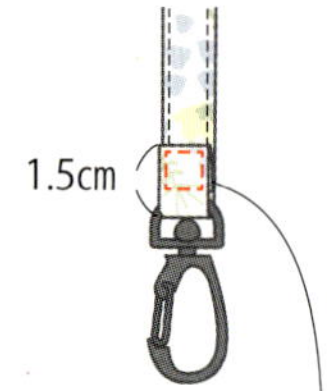

b. 손잡이용 천은 붕어 고리에 끼운 뒤 가장자리를 세 겹으로 접고 꿰맨다.

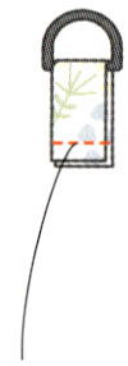

c. 고리용 천은 D링에 끼우고 아래쪽을 임시 고정한다.

6 덮개를 만든다.

b. 시접에 가위집을 넣는다.

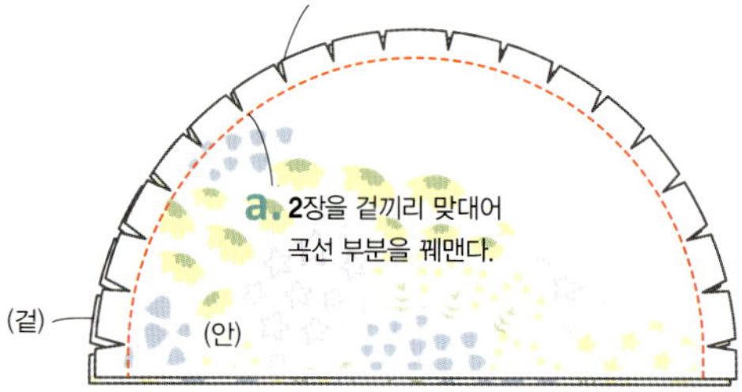

c. 겉으로 뒤집고 꿰맨다.

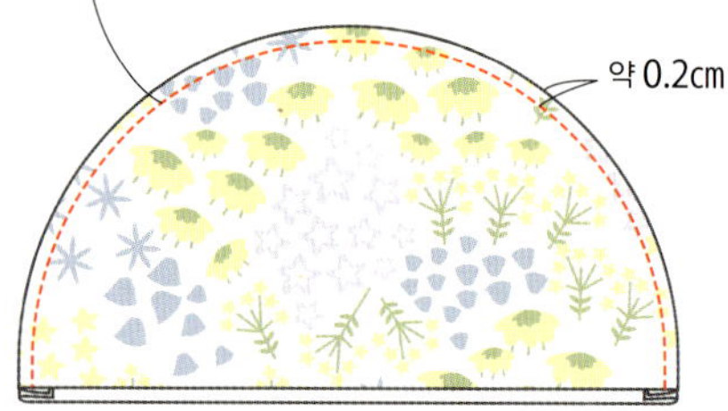

7 겉주머니와 안주머니 모두 입구의 시접을 접고 뒤쪽에 덮개, 양옆에 손잡이와 고리를 끼워 임시 고정한 뒤 입구를 빙 둘러 꿰맨다.

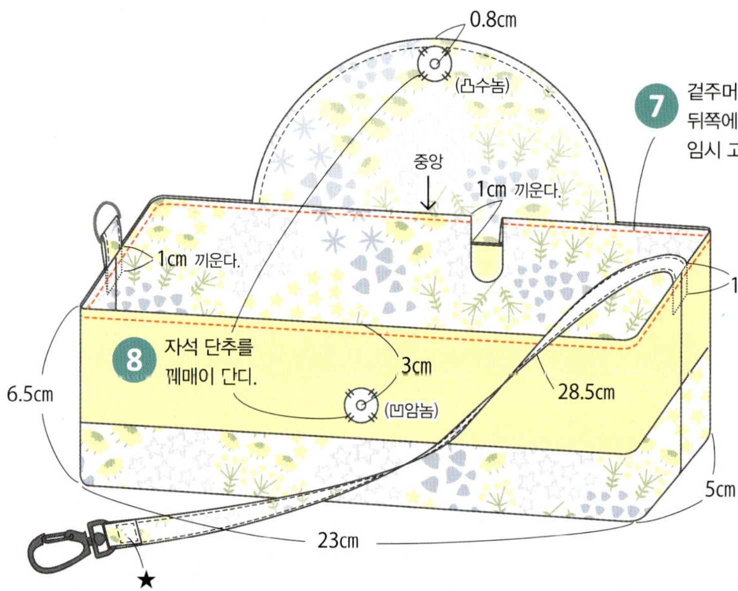

p.36 문고본(대) & 메모장(소) 커버 컬렉션

재료 (1점 분량)

천……(대)80×20㎝ (소)50×15㎝

기타…(대)너비 1.2㎝의 테이프 48㎝, 너비 1.5㎝의 납작한 고무줄 19㎝
(소)너비 1㎝의 테이프 28㎝, 너비 1.5㎝의 납작한 고무줄 14㎝

치수 도안

- ( )안의 시접을 두고 재단한다.
- ---은 바깥으로 접는 선, —·—·—은 안으로 접는 선
- 사이즈는 대 · 소.

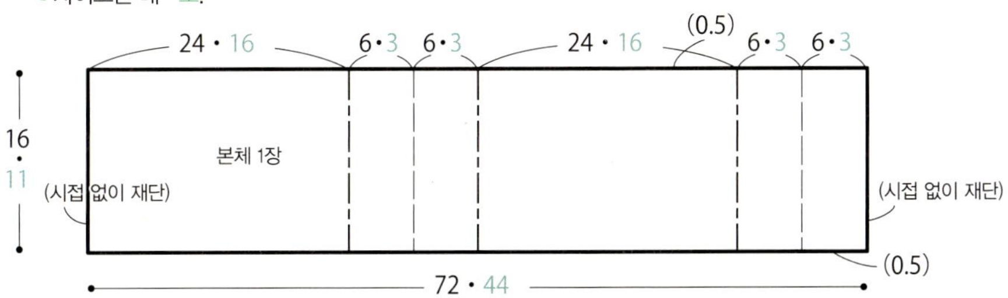

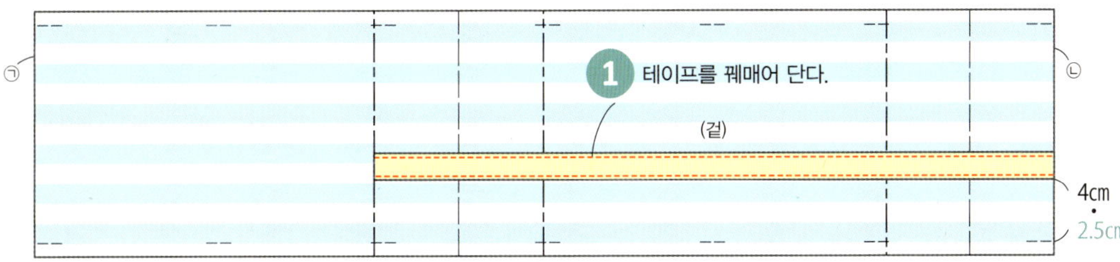

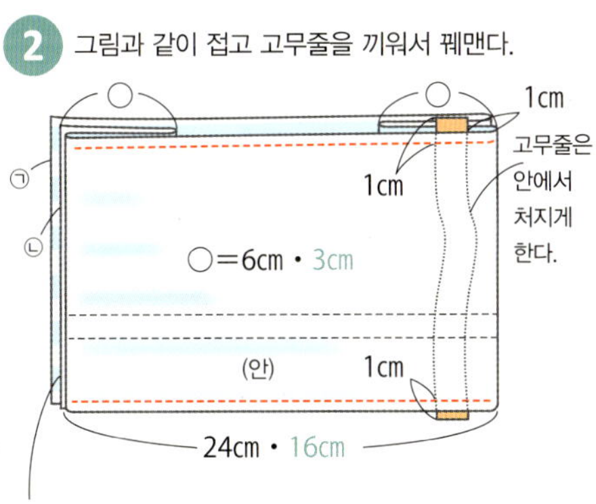

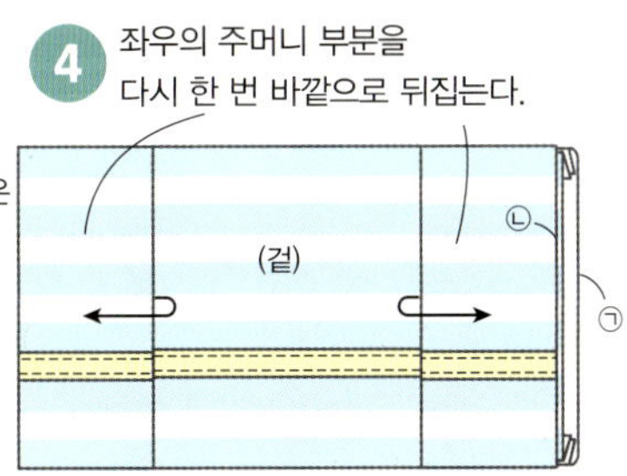

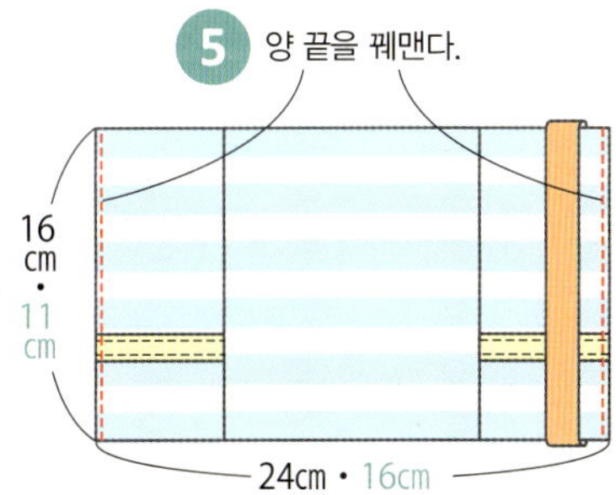

3 ㉠과 ㉡ 사이에서 겉으로 뒤집는다.

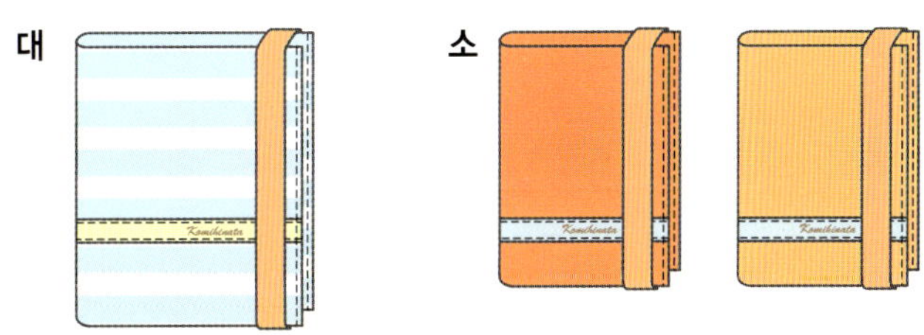

p.28 미니 케이스 컬렉션

재료 (1점 분량)

천……겉감 · 안감 각 15×20㎝, 덮개 천 15×20㎝, 싸개 단추 천 10×10㎝

기타…접착 퀼트솜 20×20㎝, 지름 2.2㎝의 싸개 단추 키트, 지름 0.3㎝의 왁스 코드 45㎝, 똑딱단추(중) 1쌍, 태브용 너비 0.5㎝의 테이프 3㎝, 지름 1~1.5㎝의 장식 단추 1개

치수 도안

●( )안의 시접을 두고 재단한다.

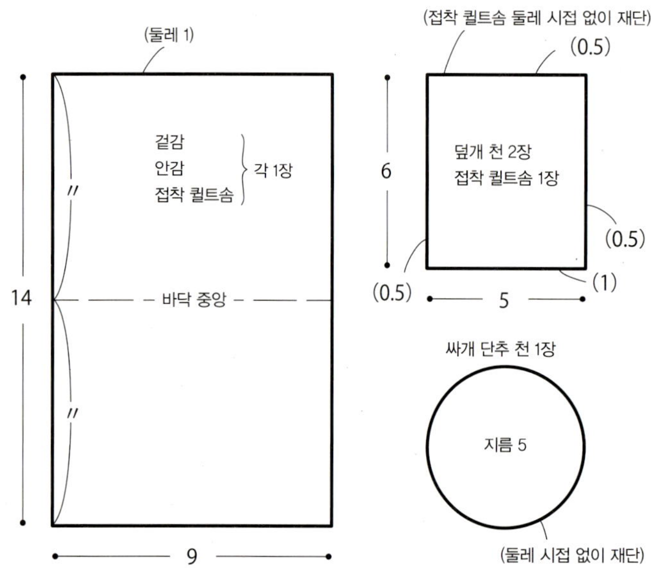

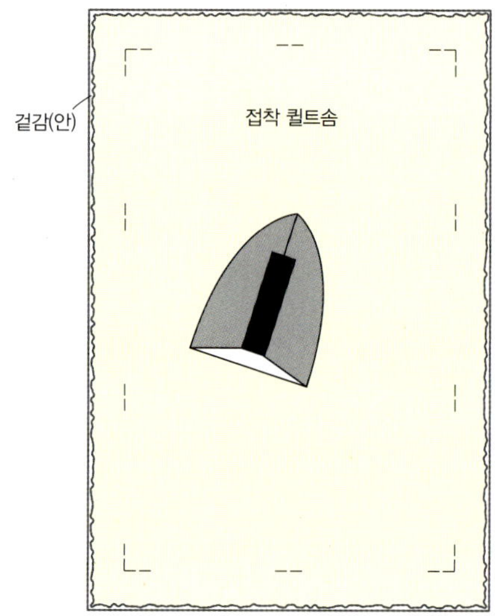

1 겉감에 접착 퀼트솜을 붙인다.

2 덮개를 만든다.

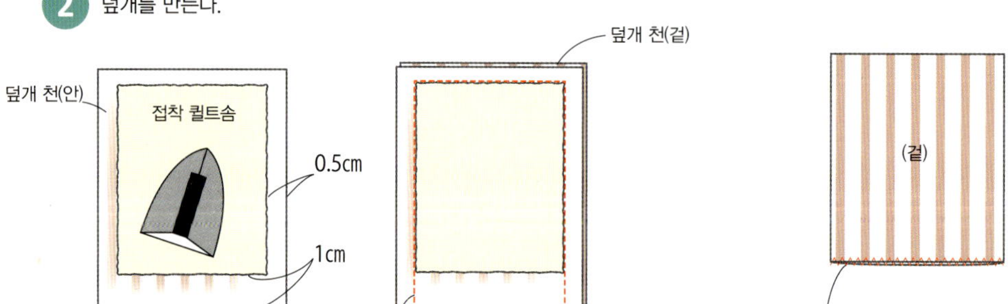

a. 1장에 접착 퀼트솜을 붙인다.

b. 다른 1장과 겉끼리 맞대고 접착 퀼트솜을 따라 꿰맨다.

c. 겉으로 뒤집고 구멍을 지그재그 재봉으로 막는다.

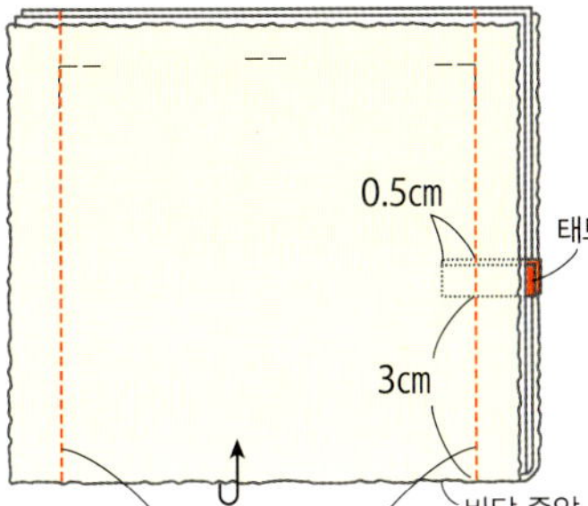

3 1을 바닥 중앙에서 겉끼리 맞대어 접고 반으로 접은 태브를 끼워서 양옆을 꿰맨다.

4 밑면을 꿰맨다.

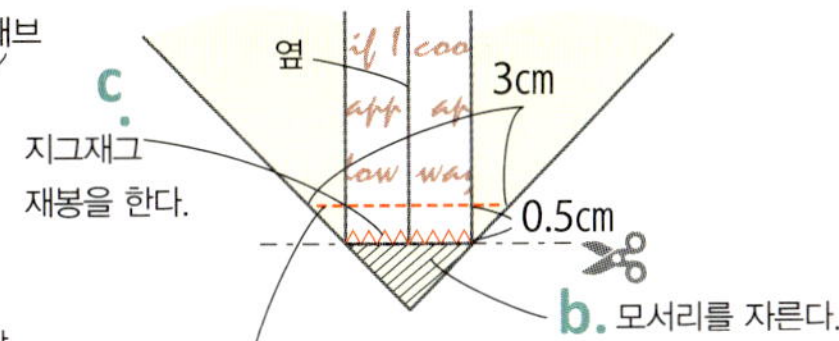

a. 옆면의 시접을 갈라서 꿰맨다.

b. 모서리를 자른다.

c. 지그재그 재봉을 한다.

5 안주머니를 만든다.

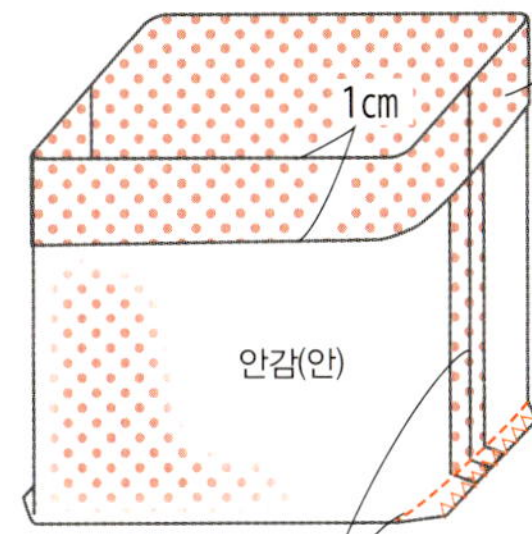

a. 안감도 겉감과 같이 옆면과 밑면을 꿰맨다.

b. 입구의 시접을 접는다. 겉주머니의 입구도 똑같이 접어 둔다.

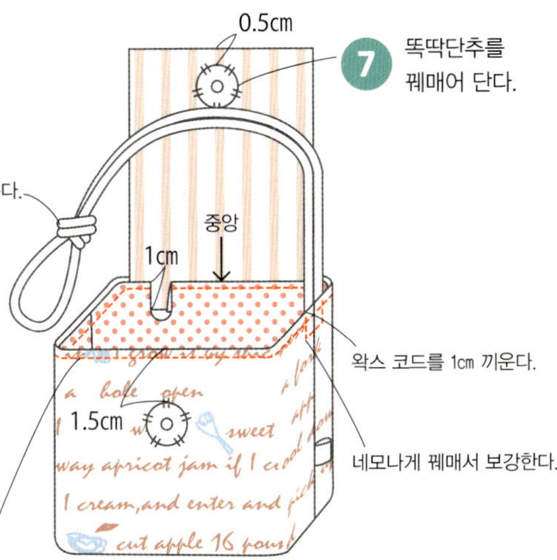

6 겉주머니와 안주머니를 안끼리 맞대고 뒤쪽에 덮개, 옆면에 반으로 접은 왁스 코드를 끼워 임시 고정한 뒤 입구를 빙 둘러 꿰맨다.

7 똑딱단추를 꿰매어 단다.

8 싸개 단추를 만들고 장식 단추와 함께 꿰매어 단다.

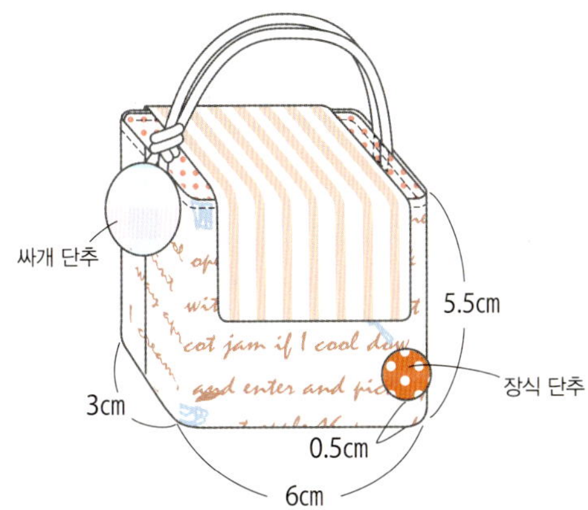

p.30 스마트폰 파우치 컬렉션

재료 (1점 분량)

천……겉감 위쪽 25×15㎝, 겉감 아래쪽 25×10㎝, 안감 25×20㎝, 덮개 천 15×10㎝, 싸개 단추 천 10×10㎝

기타…접착 퀼트솜 30×20㎝, 지름 2.2㎝의 싸개 단추 키트, 왁스 코드 50㎝,
태그용 너비 1.2㎝의 테이프 4㎝, 태브용 너비 0.5㎝의 테이프 3㎝, 똑딱단추(중) 1쌍,
장식용 단추 · 참 장식 적당량

치수 도안

●( )안의 시접을 두고 재단한다.

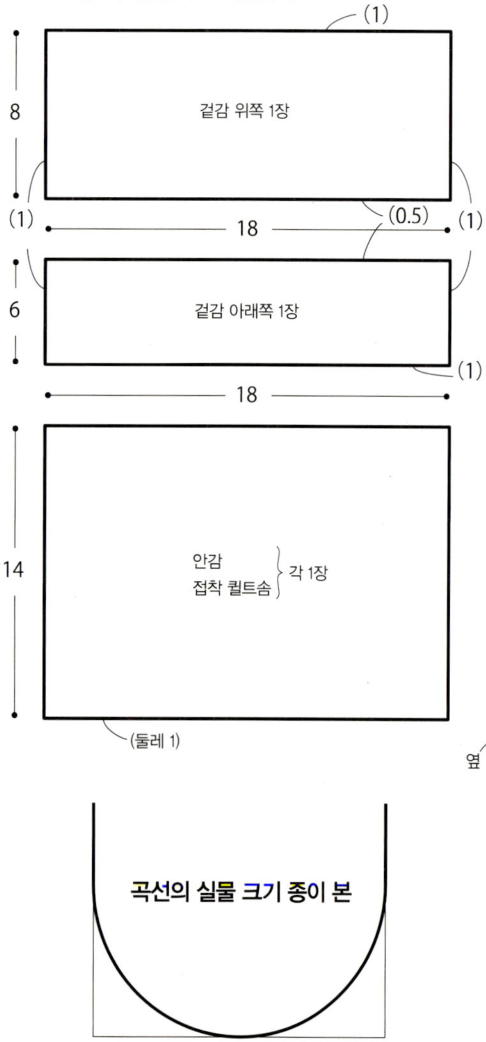

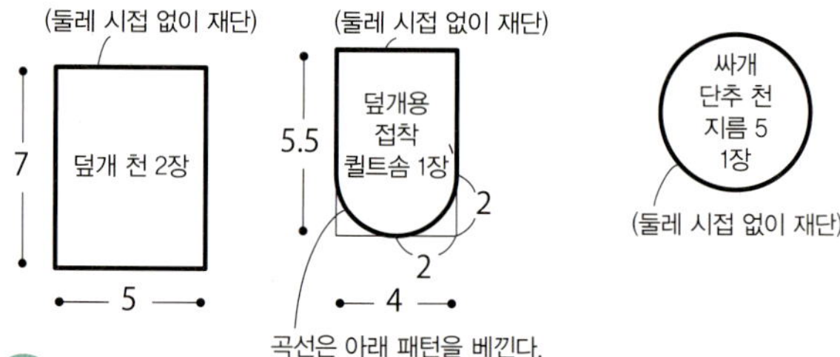

1 겉면을 만든다.

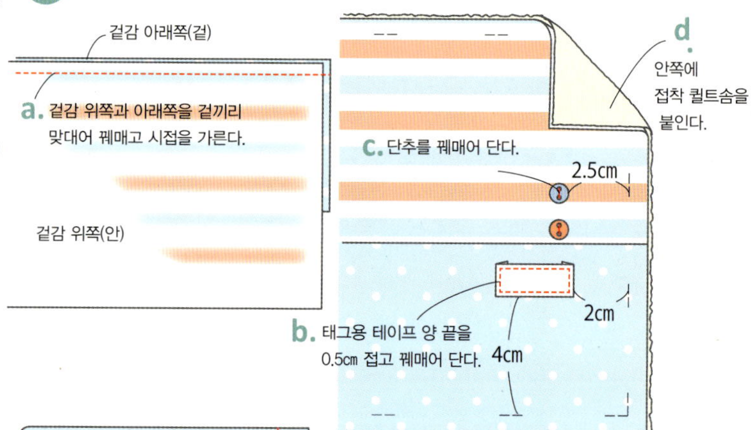

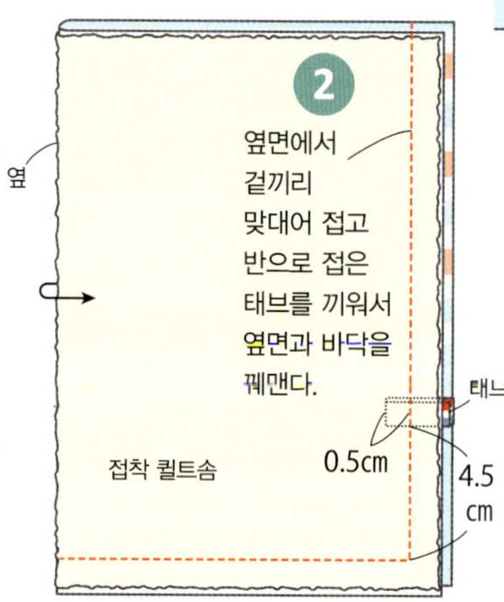

3 밑면을 꿰맨다.

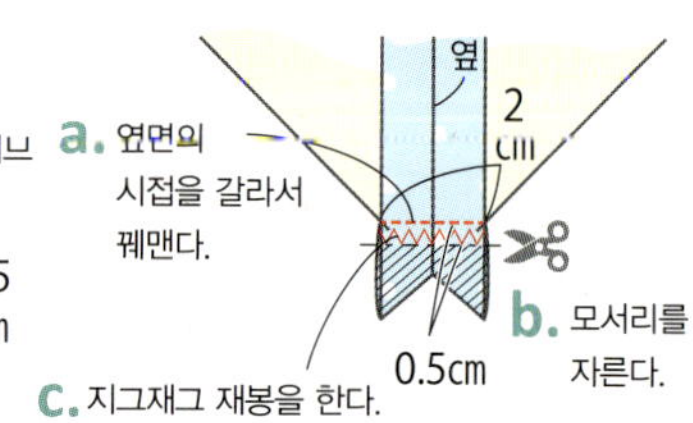

4 안주머니를 만든다.

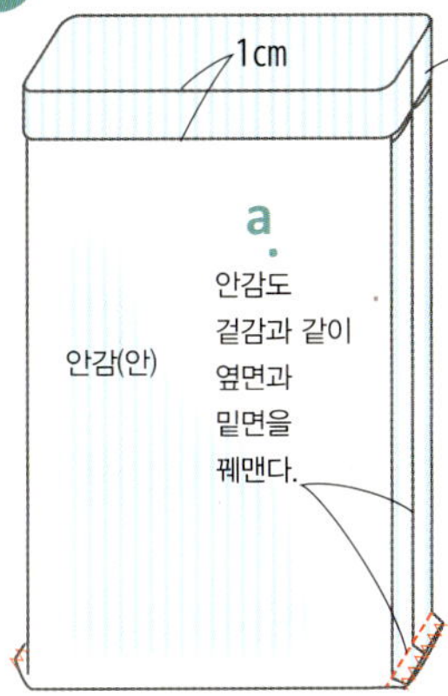

a. 안감도 겉감과 같이 옆면과 밑면을 꿰맨다.

b. 입구의 시접을 접는다. 겉주머니의 입구도 똑같이 접어 둔다.

5 덮개를 만든다.

a. 1장에 접착 퀼트솜을 붙인다.

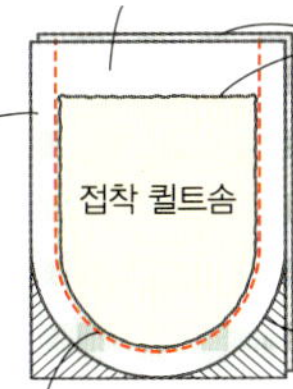

b. 다른 1장과 겉끼리 맞대고 접착 퀼트솜을 따라 꿰맨다.

c. 시접을 0.5cm 두고 자른다.

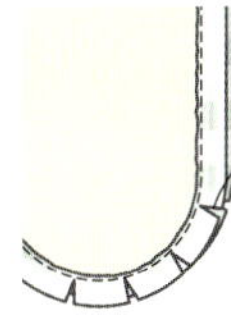

d. 곡선에 가위집을 넣는다.

e. 겉으로 뒤집고 구멍을 지그재그 재봉으로 막는다.

7 똑딱단추를 꿰매어 단다.

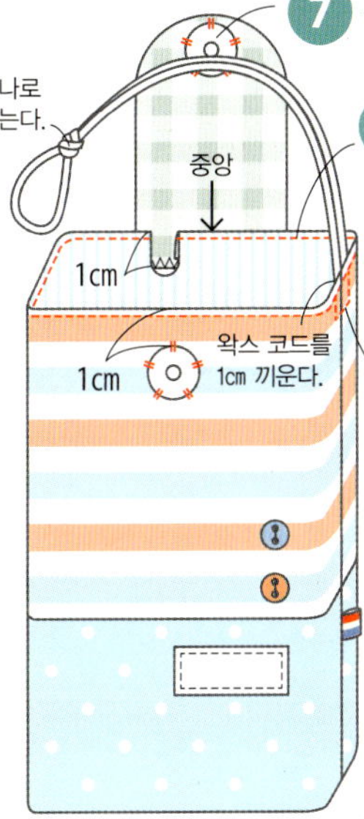

6

겉주머니와 안주머니를 안끼리 맞대고 뒤쪽에 덮개, 옆면에 반으로 접은 왁스 코드를 끼워 임시 고정한 뒤 입구를 빙 둘러 꿰맨다.

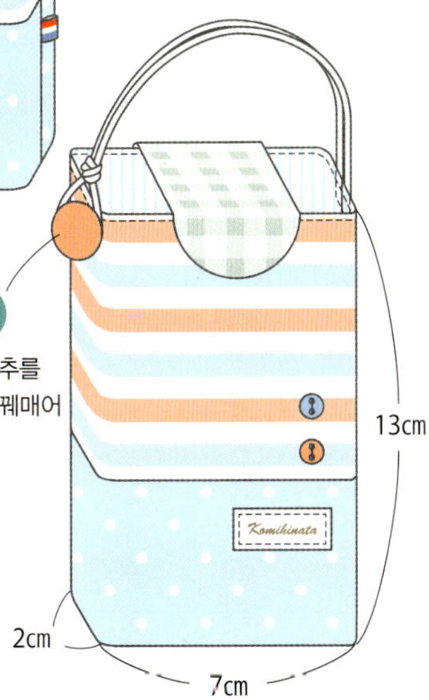

8

싸개 단추를 만들고 꿰매어 단다.

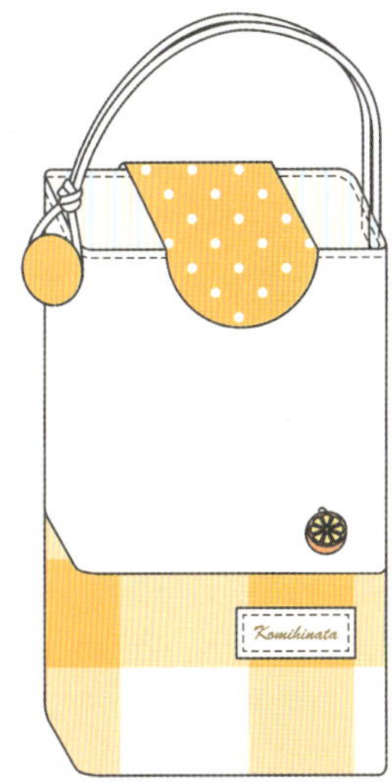

p.32 프티 파우치 컬렉션

재료 (1점 분량)

천……(소)겉감 위쪽 · 아래쪽 각 15×15cm, 안감 15×25cm (대)겉감 위쪽 25×25cm, 겉감 아래쪽 25×15cm, 안감 25×35cm
(가로로 긴 타입)겉감 위쪽 · 아래쪽 각 30×15cm, 안감 30×25cm

기타…접착 퀼트솜 (소)15×25cm (대)25×25cm (가로로 긴 타입)30×25cm
너비 2.5cm의 지퍼 (소)10cm (대)16cm (가로로 긴 타입)20cm
너비 1.2cm의 테이프 (소)13cm (대)19cm (가로로 긴 타입)23cm
태브용 테이프 (소)너비 1.2cm (대)너비 1.6cm (가로로 긴 타입)너비 1cm 각 3cm

치수 도안(소)

●( )안의 시접을 두고 재단한다.
지정한 것 외에는 시접 0.5cm를 두고 재단한다.

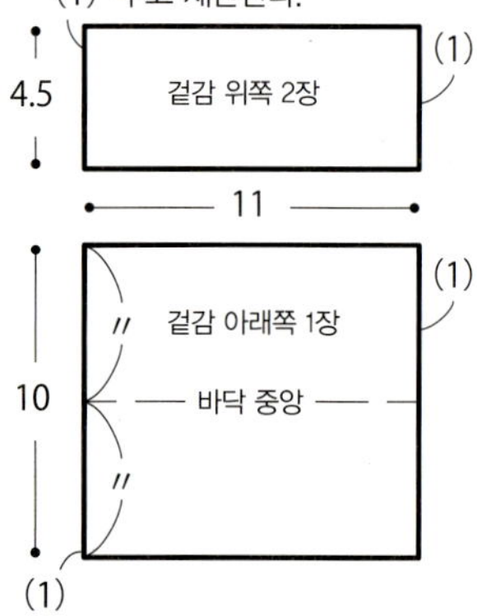

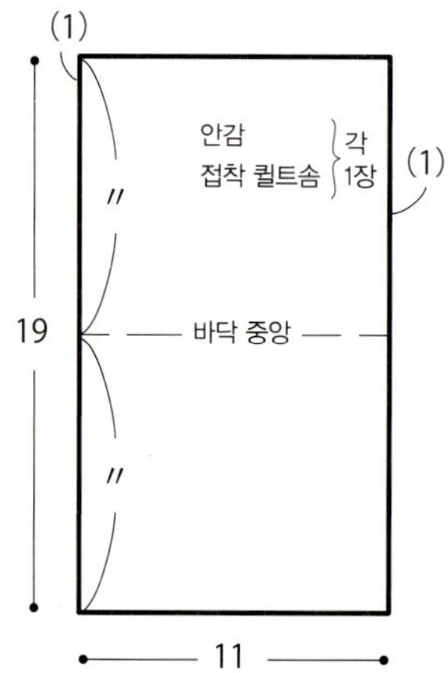

1 겉면을 만든다.

a. 겉감 위쪽과 아래쪽을 겉끼리 맞대어 꿰매고 시접을 가른다.

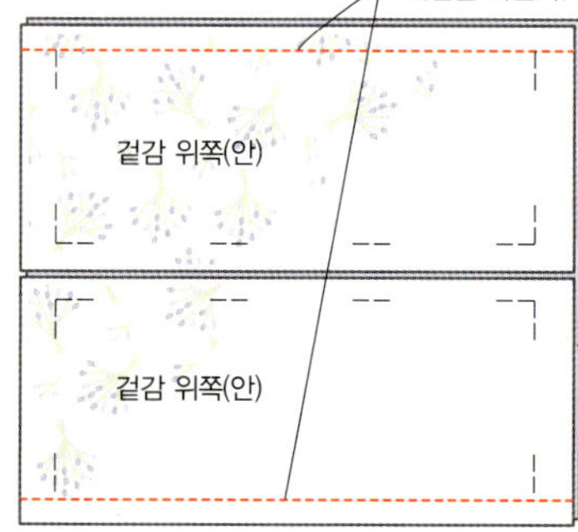

b. 안쪽에 접착 퀼트솜을 붙인다.

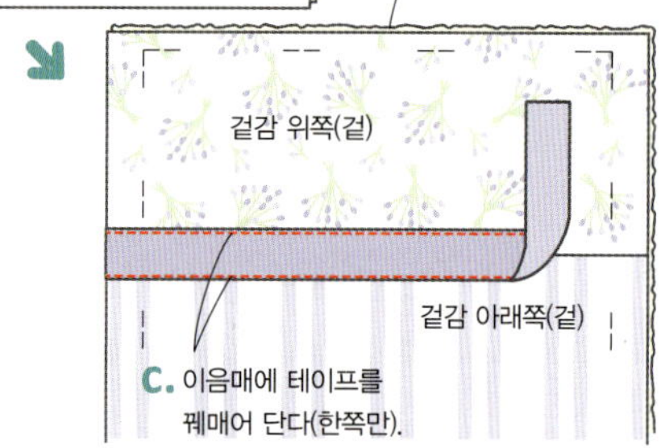

2 지퍼를 단다.

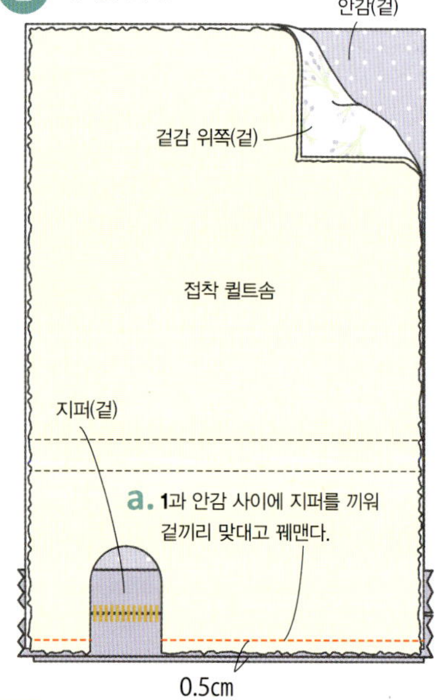

b. 겉감 · 안감 모두 **a**의 솔기에서 겉으로 뒤집는다.

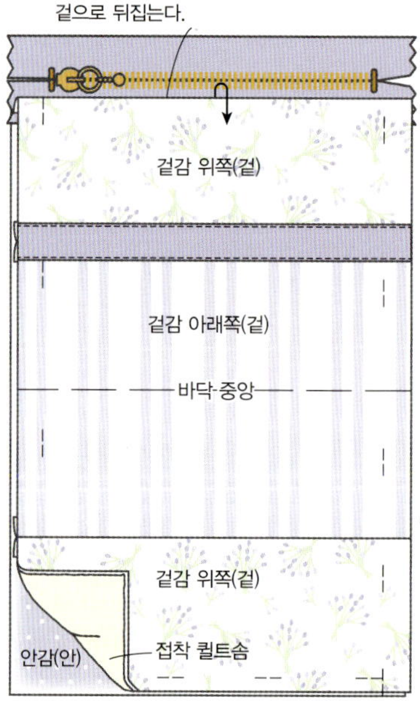

c. 그림과 같이 겉감, 안감을 각각 겉끼리 맞대어 접어 올리고 꿰맨다.

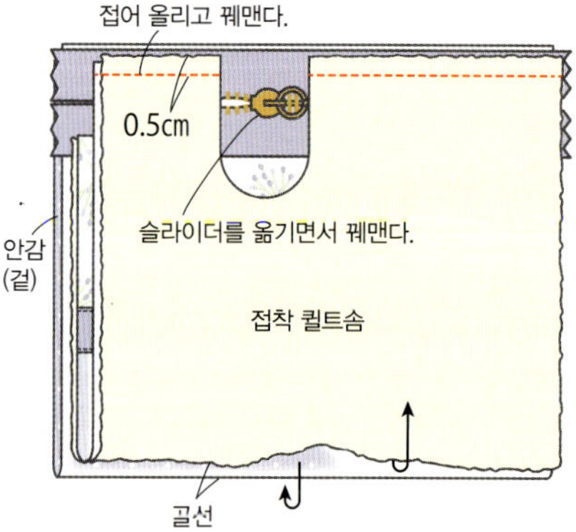

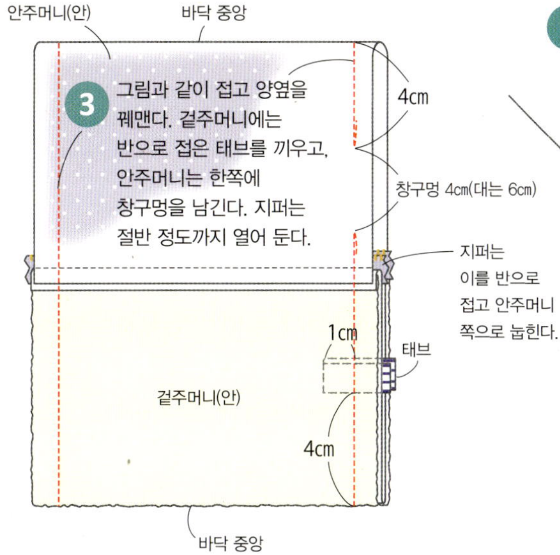

4 밑면을 꿰맨다(4군데).

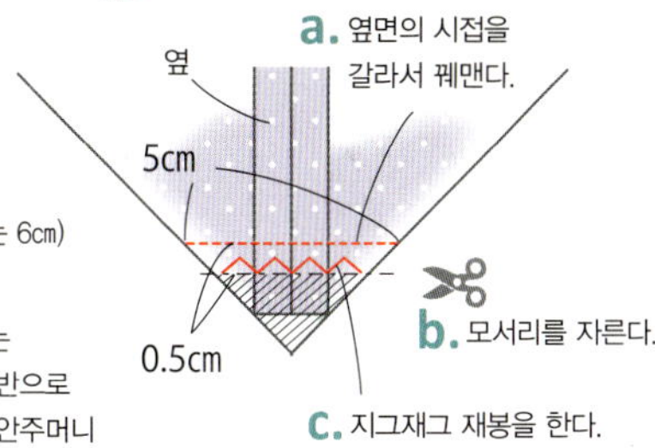

5 겉으로 뒤집고 창구멍을 막는다.

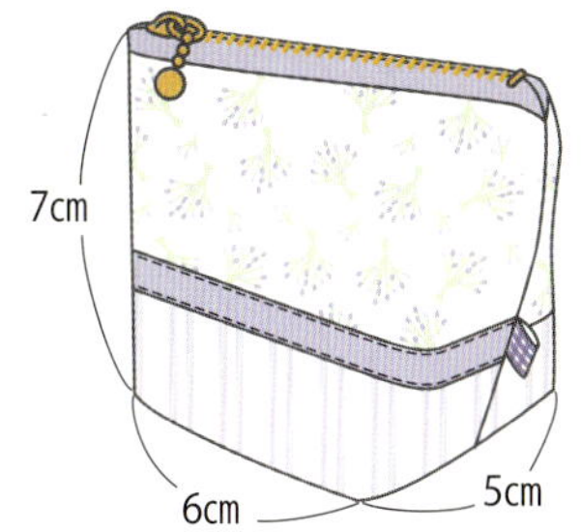

★대 사이즈와 가로로 긴 타입은 아래 치수로 천을 재단하고 같은 방법으로 만든다. ( )안의 시접을 둔다.

치수 도안(대)

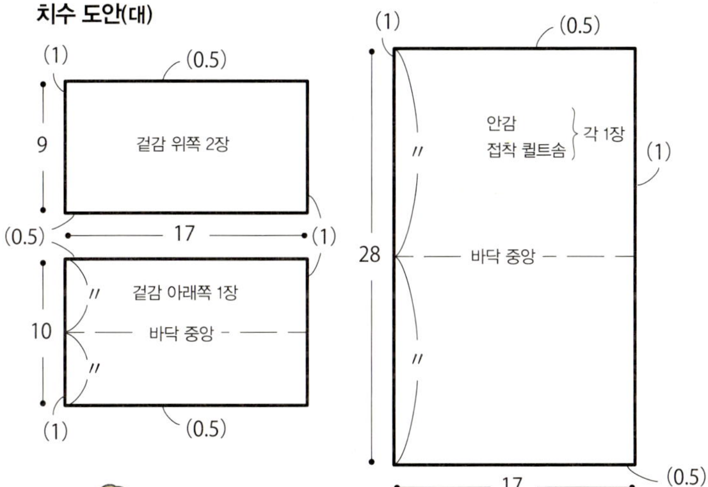

치수 도안(가로로 긴 타입)

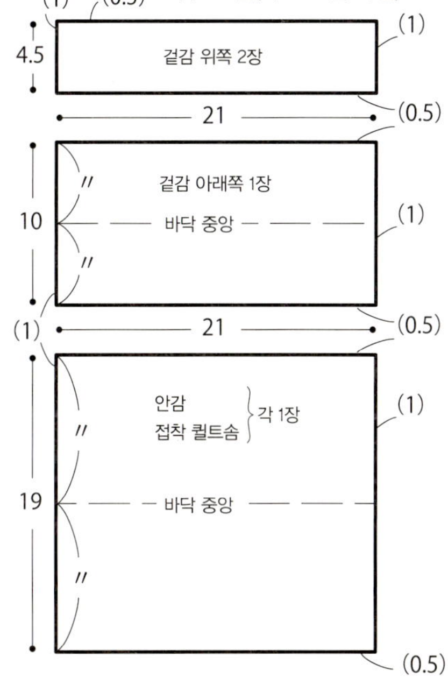

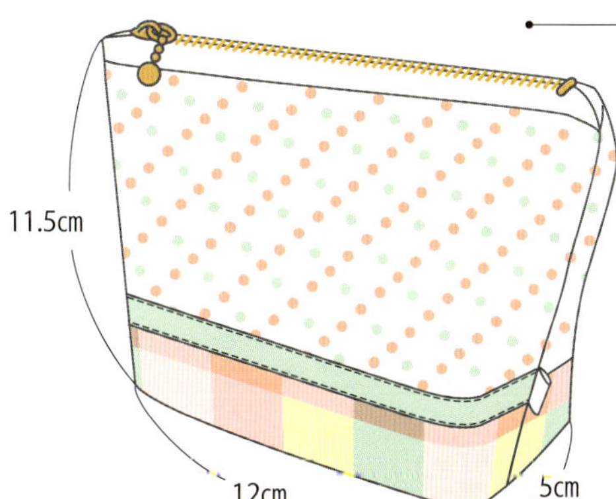

p.34 미니 배낭 컬렉션

재료 **천**……(대)겉감 · 안감 각 30×20㎝, 주머니 천 15×20㎝, 입구 천 10×25㎝, 바닥 천 10×30㎝, 고리 천 10×10㎝, 어깨끈 천 10×35㎝, 파이핑 천 60×60㎝

(중)겉감 · 안감 각 20×15㎝, 주머니 천 10×15㎝, 입구 천 10×25㎝, 바닥 천 5×20㎝, 고리 천 10×10㎝, 어깨끈 천 10×30㎝, 파이핑 천 50×50㎝

(소)겉감 · 안감 각 15×10㎝, 주머니 천 10×10㎝, 입구 천 10×25㎝, 바닥 천 5×20㎝, 고리 천 5×10㎝, 어깨끈 천 5×20㎝, 파이핑 천 35×35㎝

기타…너비 2.5㎝의 지퍼 (대)20㎝ (중)18㎝ (소)11㎝,
붕어 고리 · D링 (대)안지름 2.2㎝ (중)안지름 1.7㎝ (소)안지름 1㎝ 각 1개, 너비 1.2㎝의 테이프 4㎝

치수 도안

- ( )안의 시접을 두고 재단한다. 사이즈는 대 · 중 · 소. 2개만 적힌 경우에는 중과 소가 공통이다.
- 본체 위아래의 중앙, 입구 천, 바닥 천에 각각 맞춤 표시를 해 둔다.
- 안감의 겉쪽에 완성선을 그어 두면 좋다.

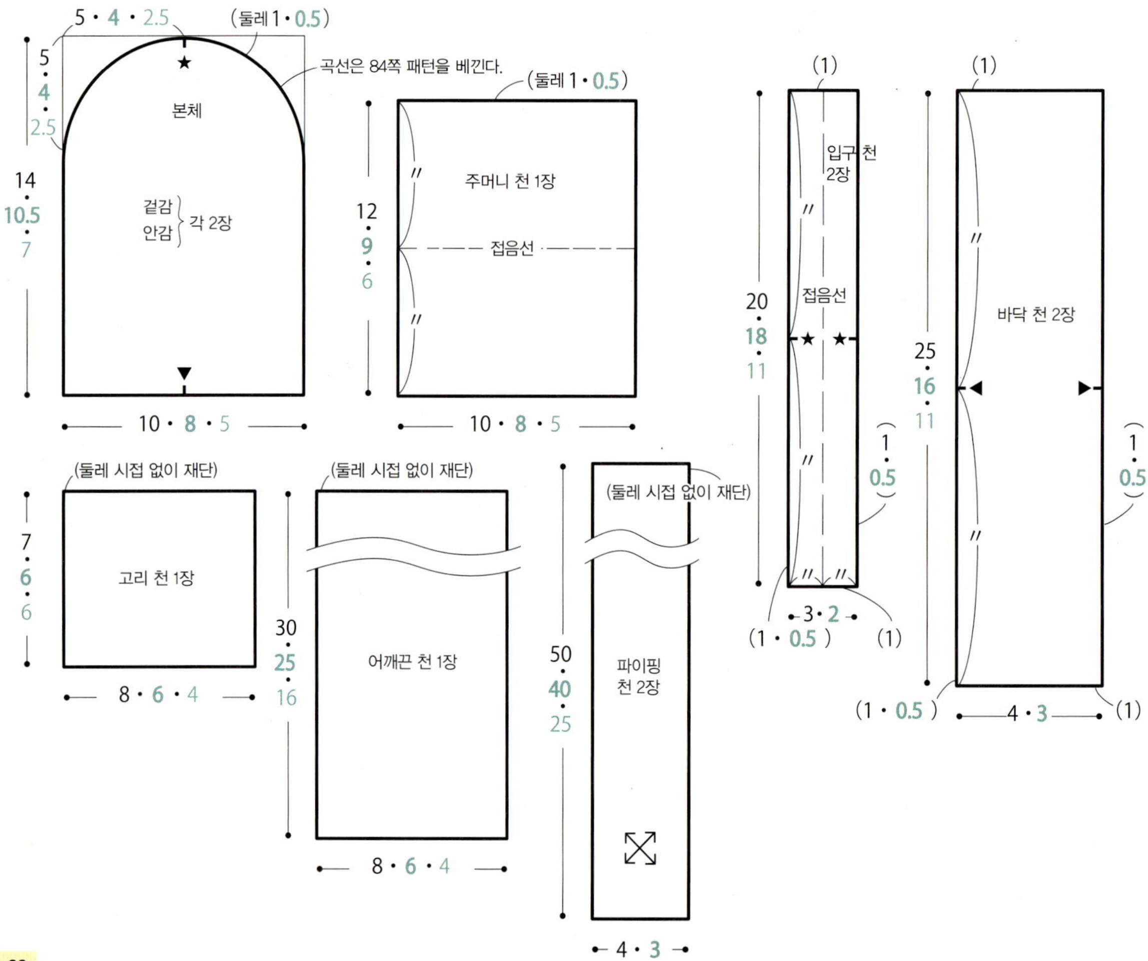

1 앞면을 만든다.

a. 접음선을 따라 주머니 천을 반으로 접고 꿰맨다.

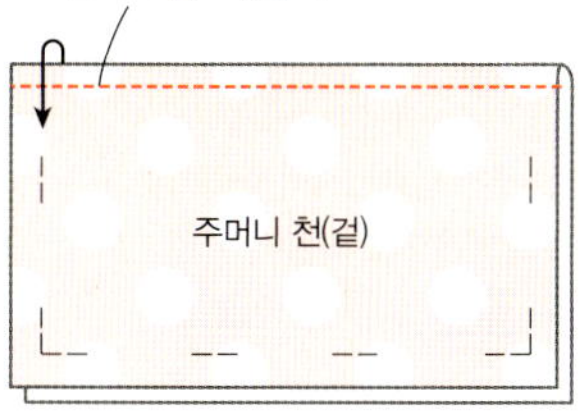

b. 겉감에 주머니 천과 안감을 겉이 바깥으로 향하게 맞대고 둘레에 지그재그 재봉을 한다.

c. 테이프 양 끝을 0.5cm 접고 꿰매어 단다.

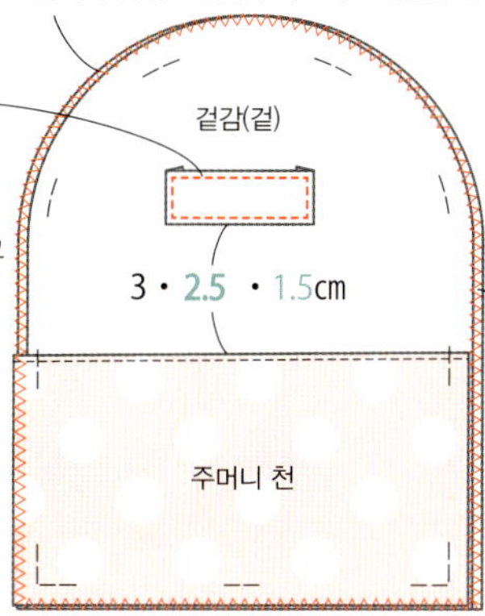

2 다른 1쌍의 겉감과 안감도 겉이 바깥으로 향하게 맞대고 둘레에 지그재그 재봉을 한다.

3 입구 천을 접음선을 따라 안끼리 맞대어 접고 지퍼에 꿰매어 단다.

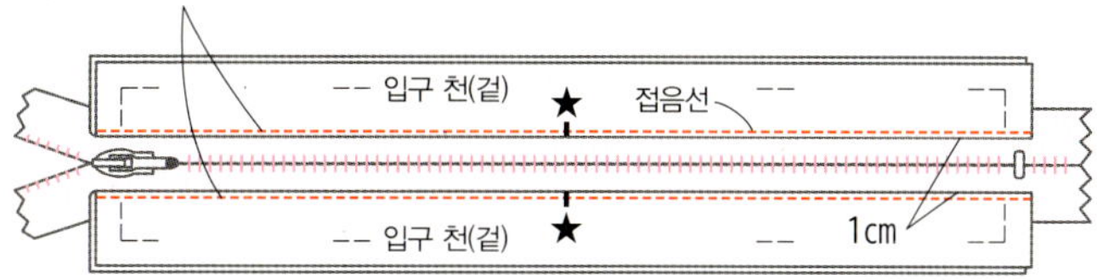

4 바닥 천과 3을 꿰매어 잇는다.

a. 바닥 천 2장 사이에 **3**을 그림과 같이 끼우고 양옆을 꿰맨다.

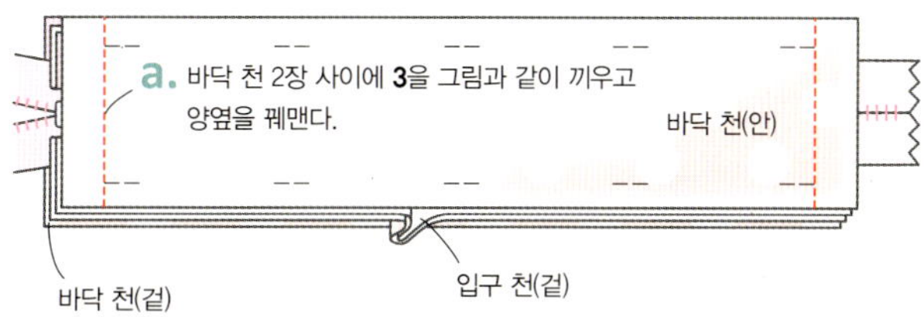

b. 겉으로 뒤집고 시접을 바닥 쪽으로 눕혀서 꿰맨다.

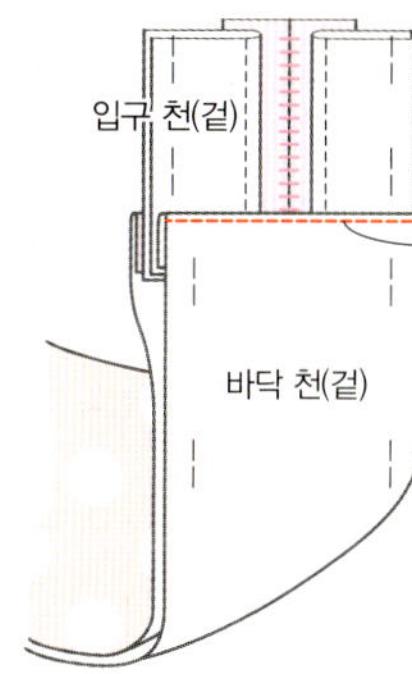

5 어깨끈 천과 고리 천을 그림과 같이 접고 꿰맨다.

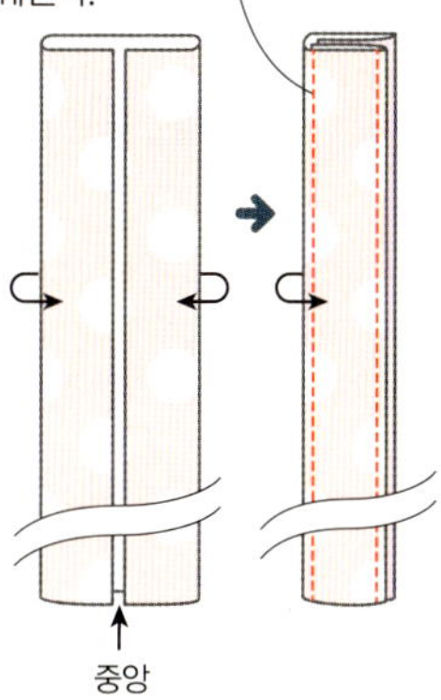

6 고리와 어깨끈을 임시 고정한다.

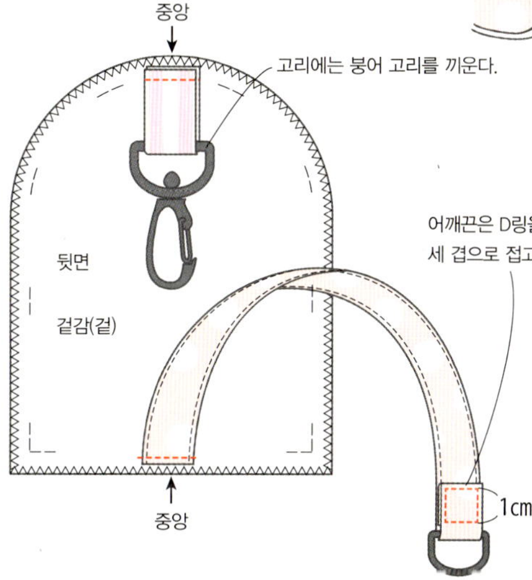

다음 페이지로

7 앞뒷면과 **4**를 꿰맨다.

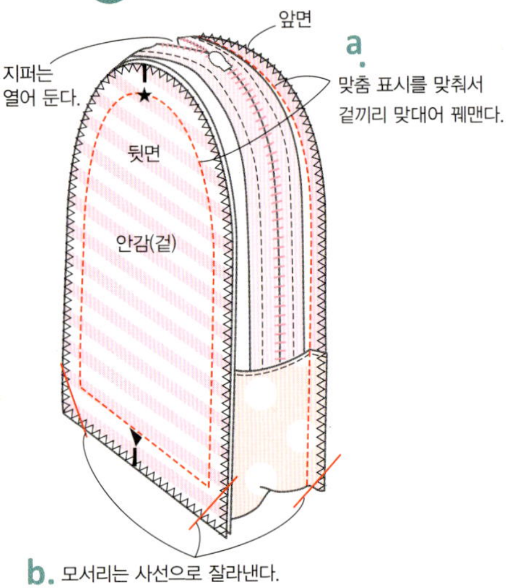

8 바닥 쪽에서 시접을 파이핑한다.

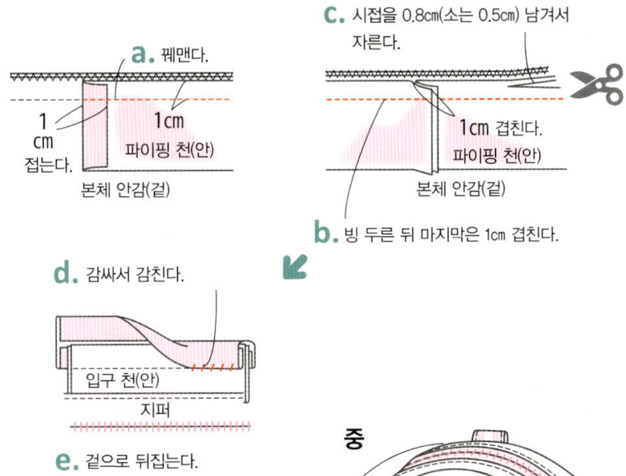

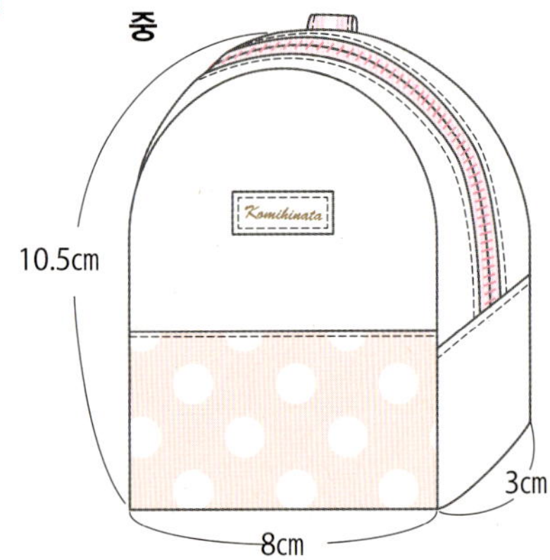

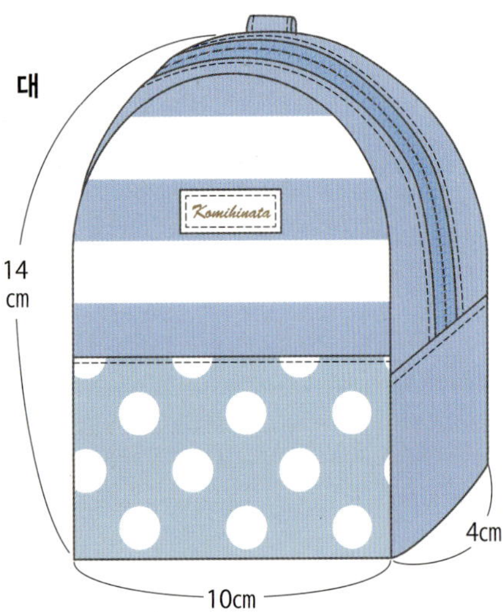

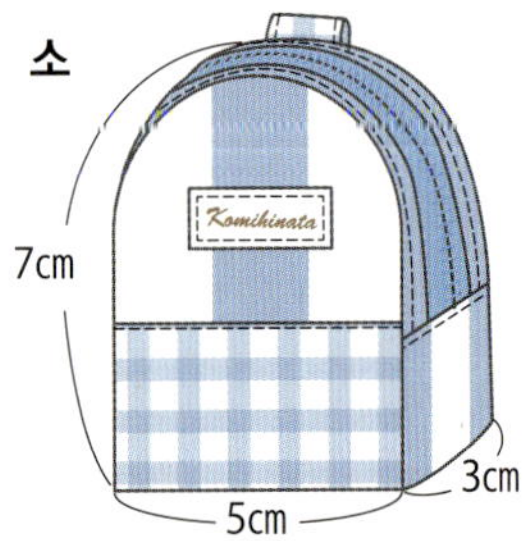

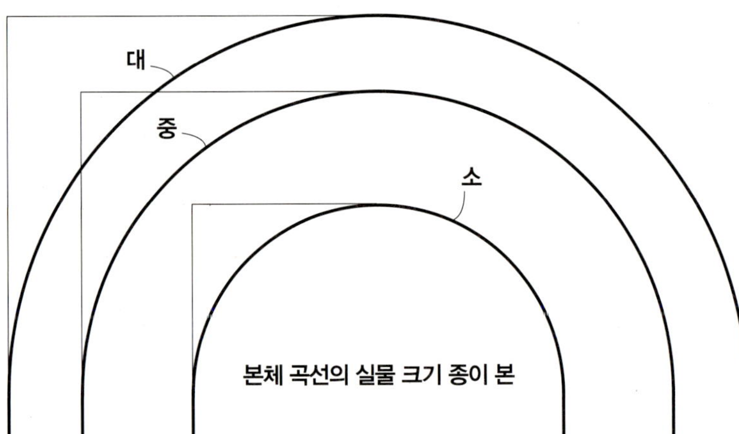

본체 곡선의 실물 크기 종이 본

p.46 카페 타임 세트(카페 매트)

재료 (1점 분량)	
천	……A면, B면 각 25×25㎝
기타	…기타…너비 1~1.5㎝의 테이프 약 12㎝(B면용도 포함해 취향에 따라 적당량 준비), 태브용 너비 0.5㎝의 테이프 2.5㎝

치수 도안

● 시접 0.5㎝를 두고 재단한다.

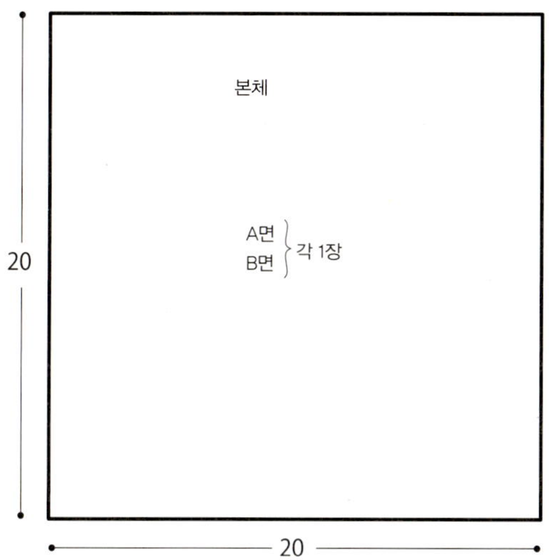

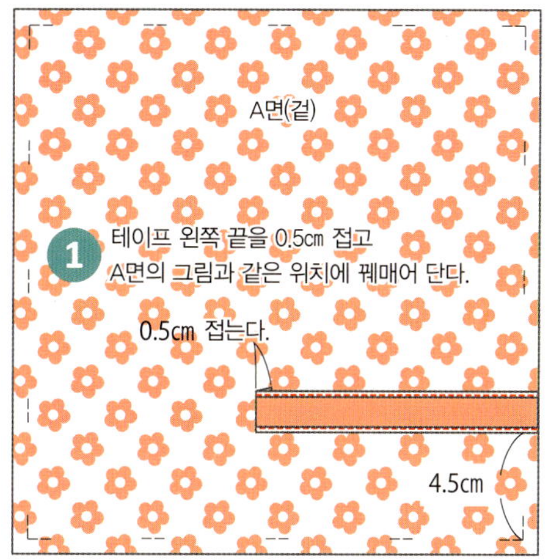

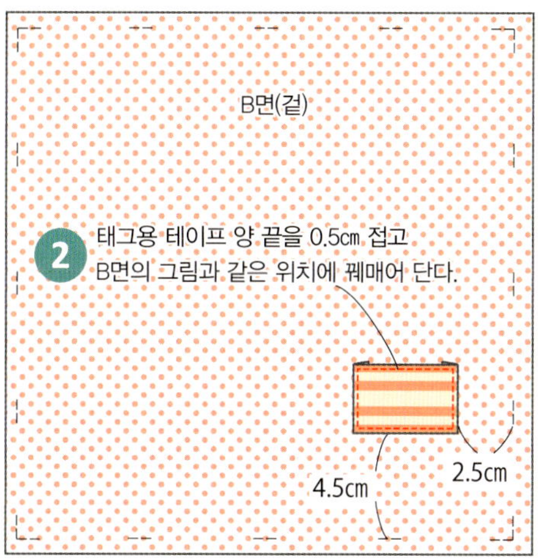

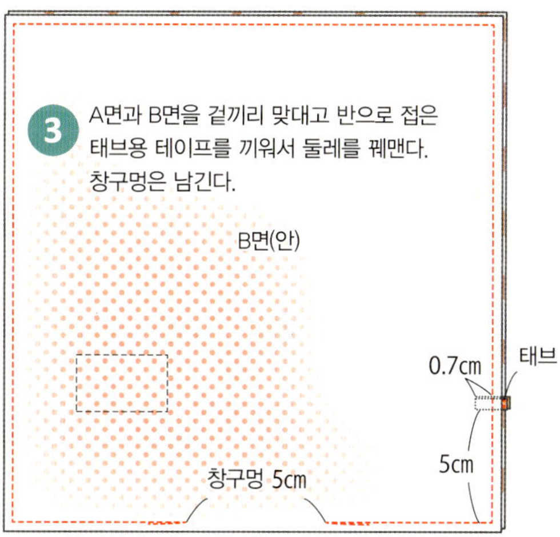

다음 페이지로

A면

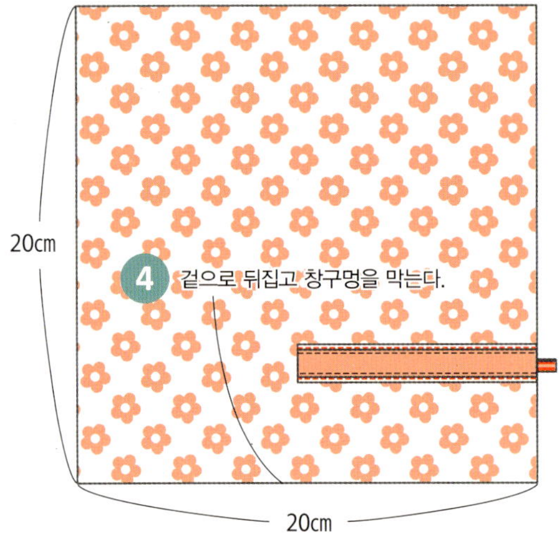

20㎝
4 겉으로 뒤집고 창구멍을 막는다.
20㎝

B면

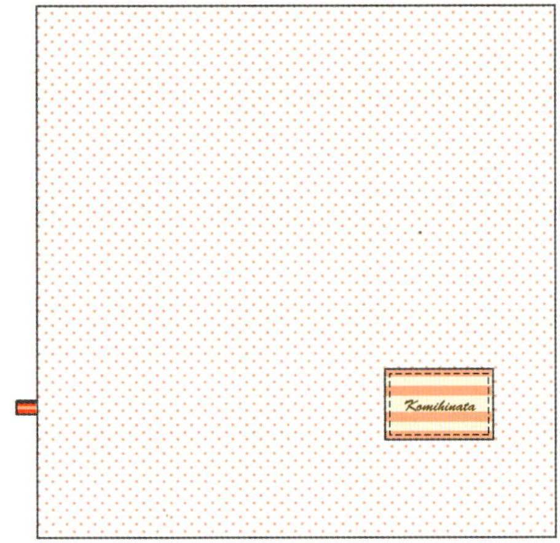

Komihinata

Komihinata
Komihinata
Komihinata
Komihinata

p.46 카페 타임 세트(손바닥 크기 토트백)

재료 (1점 분량)
천……두께 0.2cm의 펠트, 안감 각 15×15cm
기타…태브용 너비 0.5cm의 테이프 2cm, 손잡이용 너비 0.3cm의 가죽 테이프 9cm 2개

실물 크기 종이 본

- 지정한 것 외에는 시접 0.5cm를 두고 재단한다.

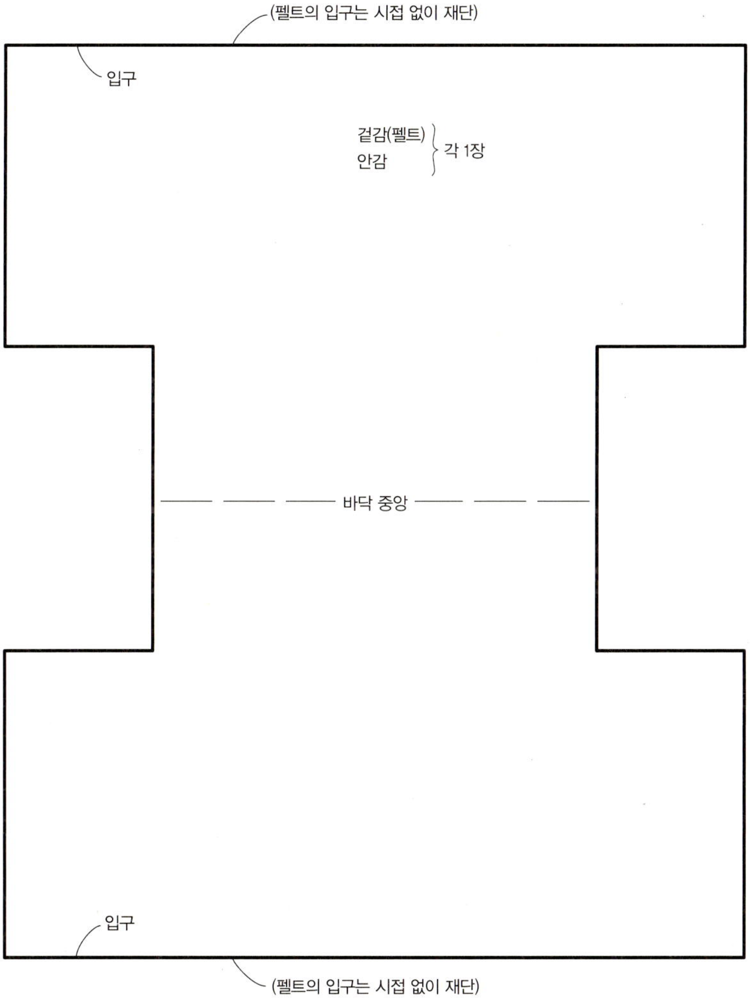

1 펠트에 손잡이용 가죽 테이프를 꿰매어 단다 (p.55의 5 참고).

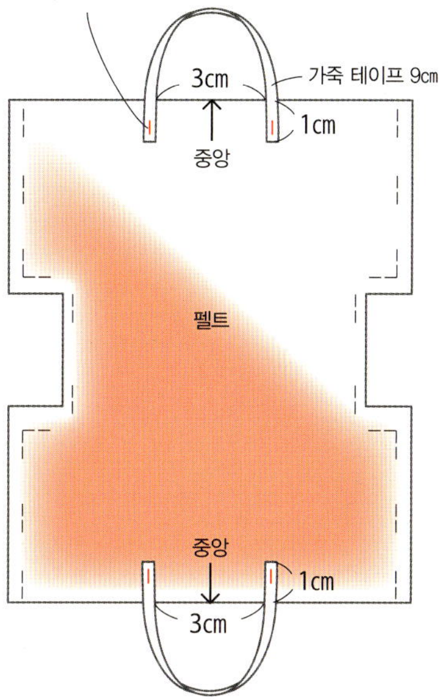

2 바닥 중앙에서 겉끼리 맞대어 접고 반으로 접은 태브를 끼워서 양옆을 꿰맨다.

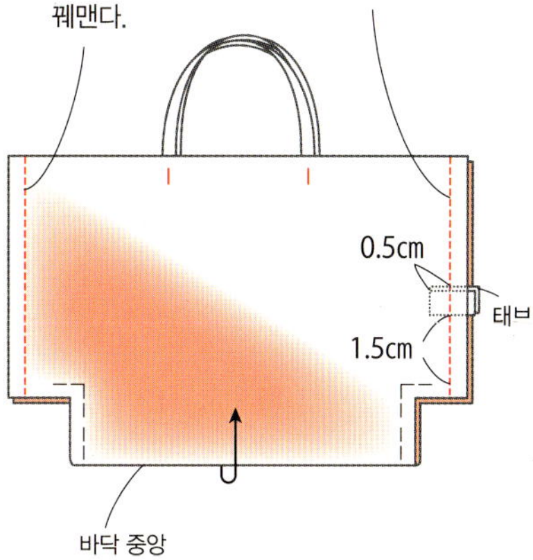

다음 페이지로

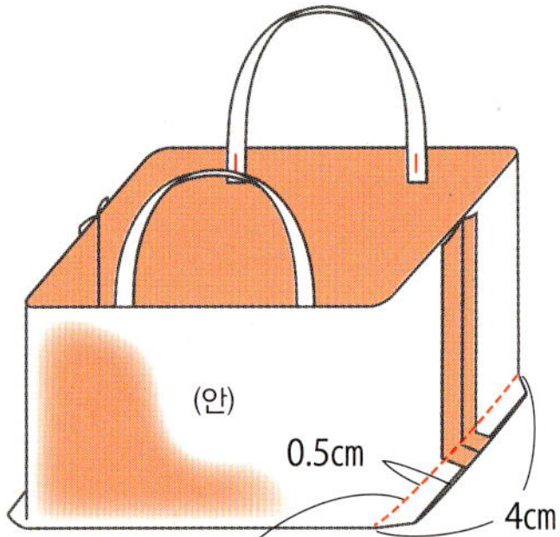

3 그림과 같이 접고
밑면을 꿰맨다.

4 안주머니를 만든다.

b. 입구의 시접을 접는다.

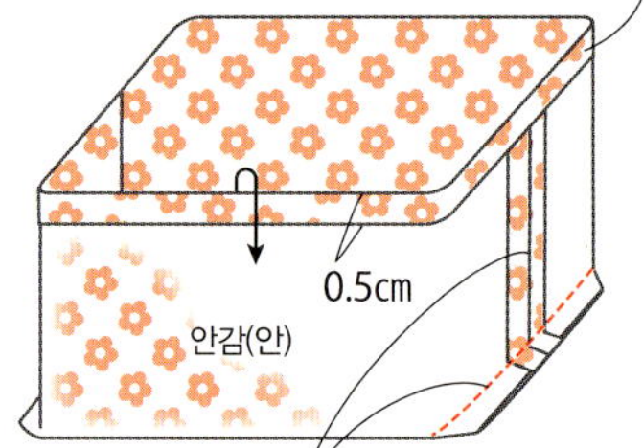

a. 안감도 겉감과 같이 옆면과 밑면을 꿰맨다.

5 겉주머니와 안주머니를 안끼리 맞대고
손바느질 실로 입구에 블랭킷 스티치를 빙 둘러 놓는다.

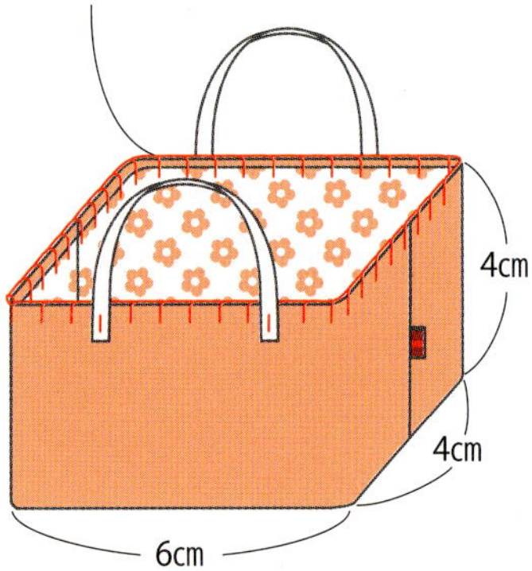

블랭킷 스티치

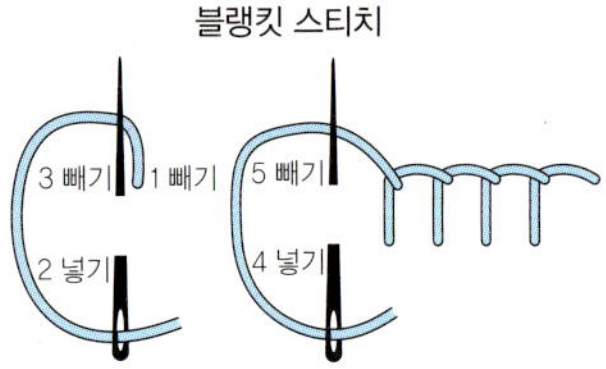

p.46 카페 타임 세트(미니 커트러리 케이스)

재료 **천**……두께 0.2㎝의 펠트, 안감 각 25×15㎝
기타…태브용 너비 0.5㎝의 테이프 2㎝, 손잡이용 너비 0.3㎝의 가죽 테이프 11㎝ 2개

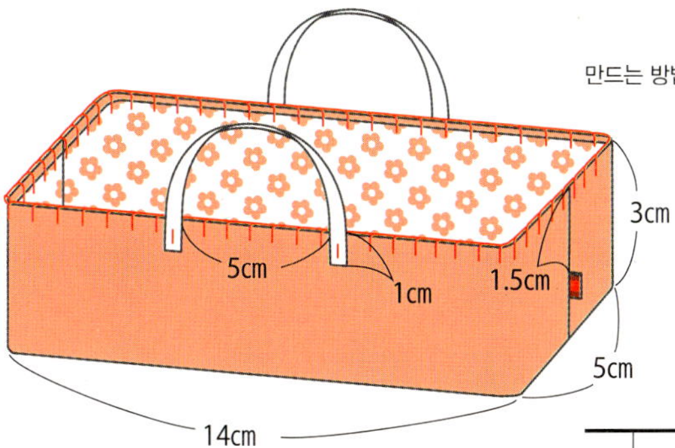

만드는 방법은 87, 88쪽과 같다.

실물 크기 종이 본

- 지정한 것 외에는 시접 0.5㎝를 두고 재단한다.
- '골선'에서 대칭으로 재단한다.

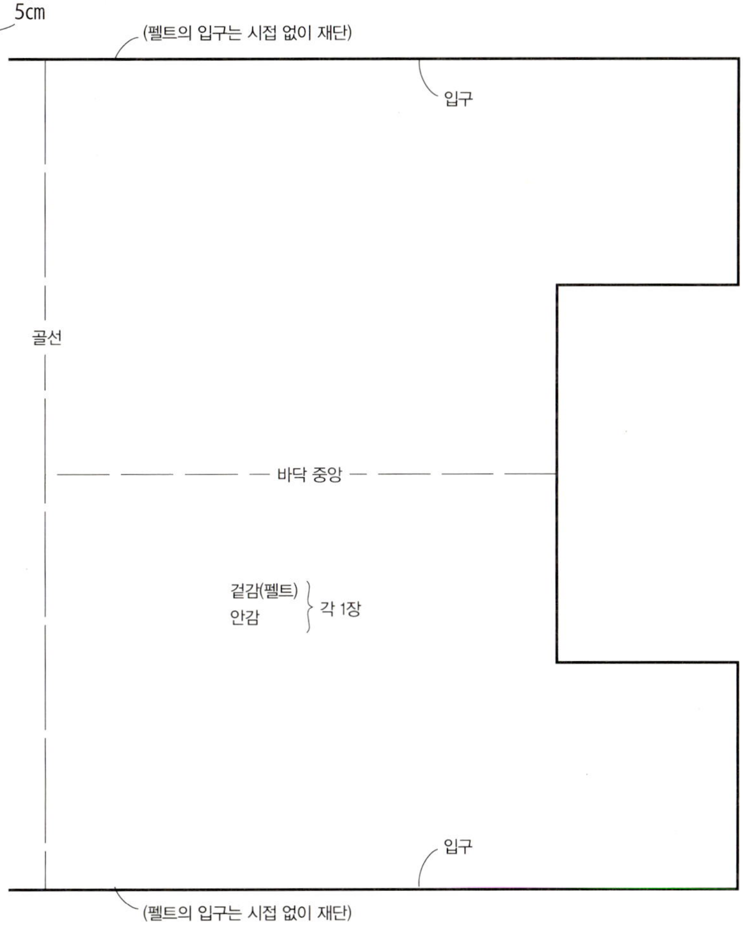

p.44 소잉 세트

재료 **천**……(핀 쿠션)A천 5×10㎝, B · C천 각 10×10㎝, 태브용 너비 1.5㎝의 테이프 5㎝
(가위 케이스)두께 0.2㎝의 펠트 10×10㎝, 라미네이트 천 각 10×15㎝
(반짇고리)겉감 · 안감 각 20×20㎝
기타…기타…(핀 쿠션)화학섬유 솜 소량
(반짇고리)손잡이용 너비 1㎝의 가죽 테이프 20㎝, 지름 1.8㎝의 단추 1개

핀 쿠션 치수 도안

● 시접 0.5㎝를 두고 재단한다.

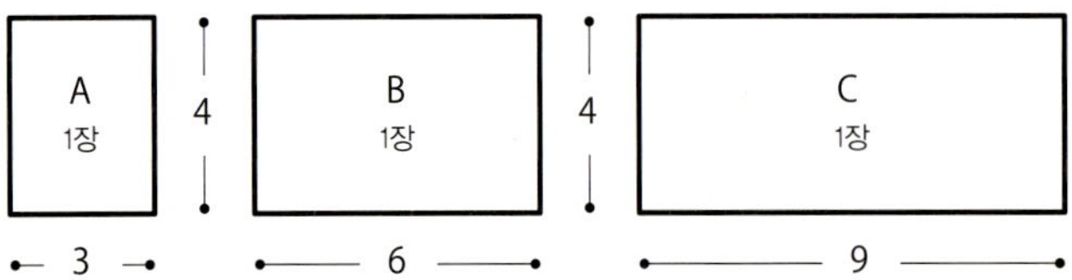

1 A와 B를 겉끼리 맞대어 꿰맨다.

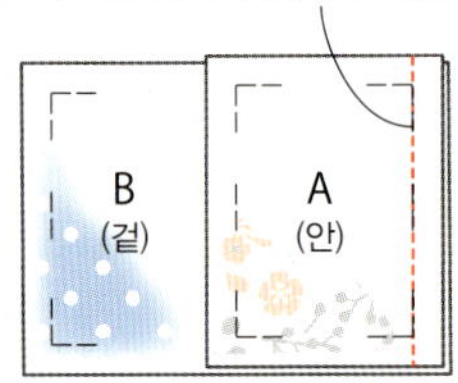

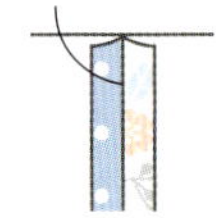

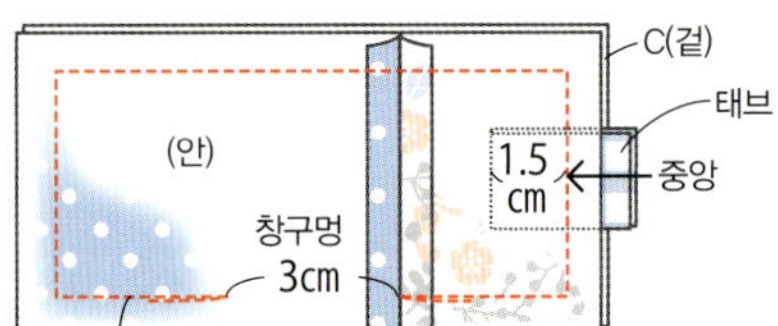

2 1과 C를 겉끼리 맞대고 반으로 접은 태브를 끼운 뒤 창구멍을 남겨 둘레를 꿰맨다.

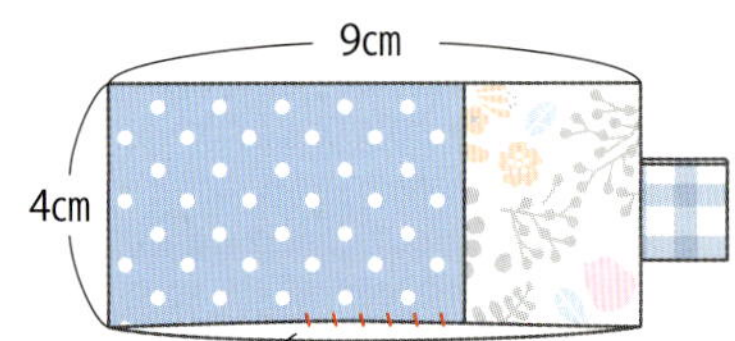

3 겉으로 뒤집고 솜을 채운 뒤 창구멍을 막는다.

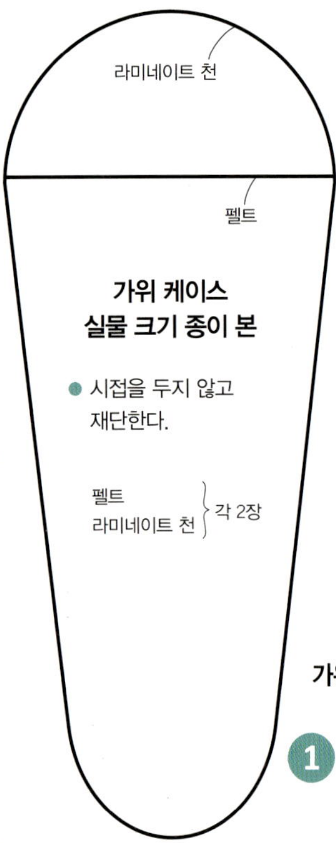

가위 케이스 실물 크기 종이 본

● 시접을 두지 않고 재단한다.

펠트
라미네이트 천 } 각 2장

가위 케이스

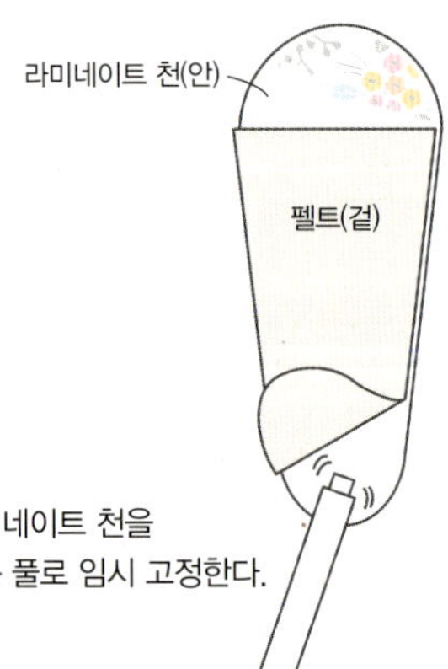

1 펠트와 라미네이트 천을 임시 고정용 풀로 임시 고정한다.

2 라미네이트 천을 그림과 같이 접고 꿰맨다.

※2쌍 만든다.

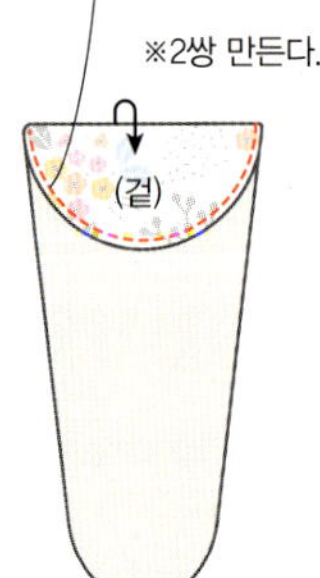

3 2쌍을 안끼리 맞대어 꿰맨다.

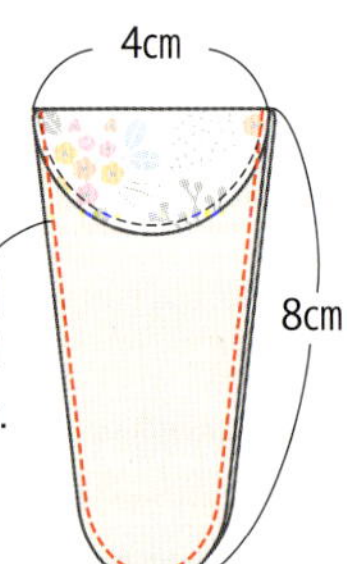

반짇고리 실물 크기 종이 본

● 지정한 것 외에는 시접 0.5㎝를 두고 재단한다.

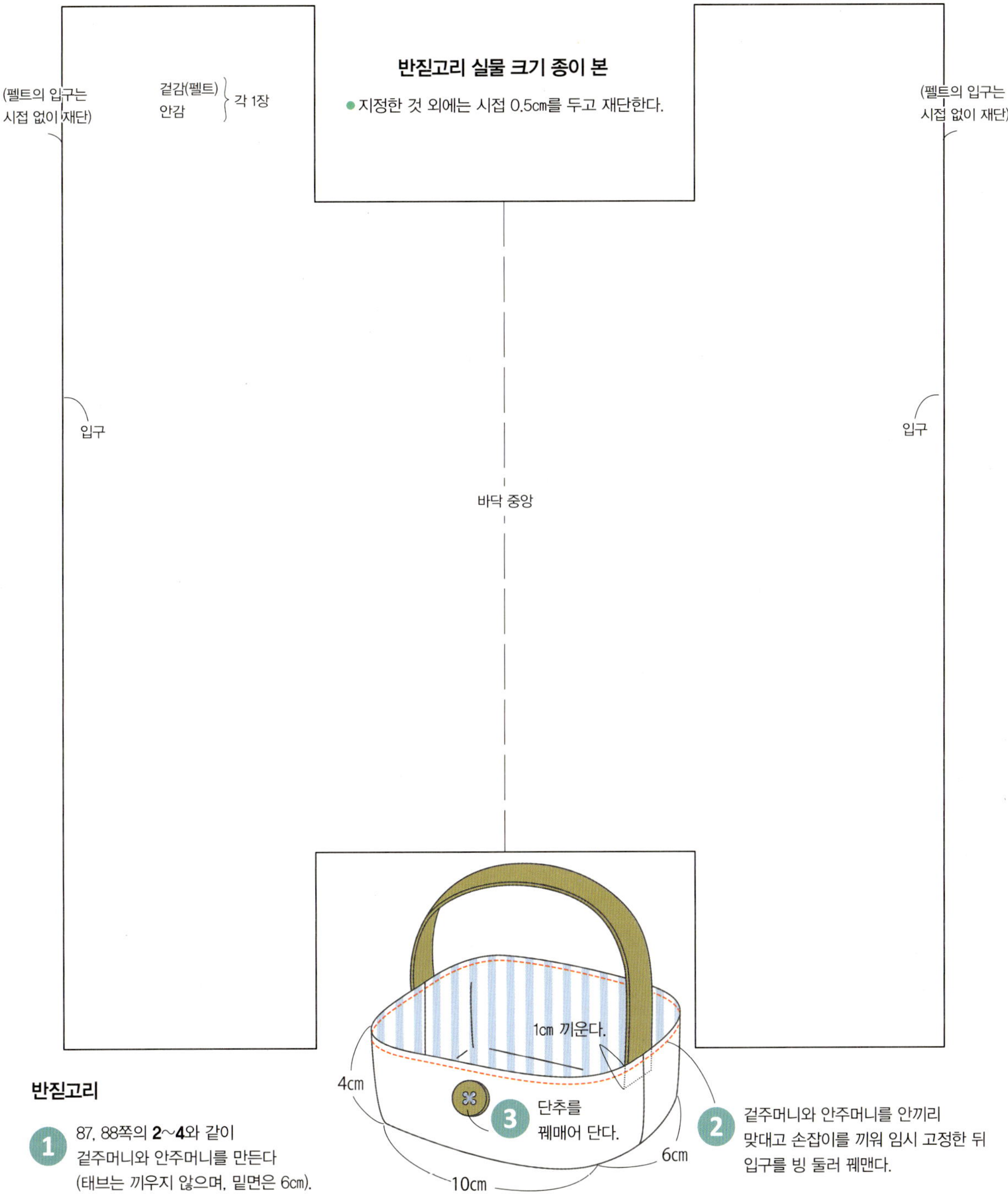

반짇고리

1. 87, 88쪽의 **2**~**4**와 같이 겉주머니와 안주머니를 만든다(태브는 끼우지 않으며, 밑면은 6㎝).
2. 겉주머니와 안주머니를 안끼리 맞대고 손잡이를 끼워 임시 고정한 뒤 입구를 빙 둘러 꿰맨다.
3. 단추를 꿰매어 단다.

p.48 냄비 받침

재료 **천**……A면 · B면 각 25×25㎝, 장식 천 25×10㎝, 태그 천 소량
기타…퀼트솜 45×25㎝, 지름 0.8㎝의 로프 15㎝, 지름 2㎝의 가죽 단추 2개

치수 도안

● (　)안의 시접을 두고 재단한다.

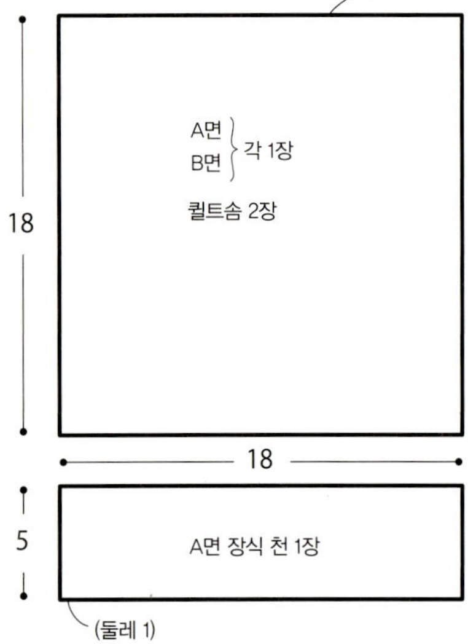

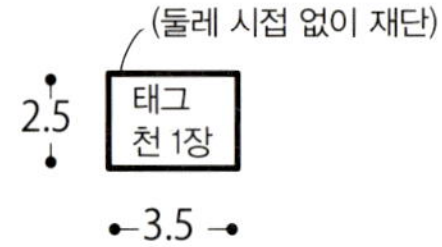

1 A면, B면을 각각 만든다.

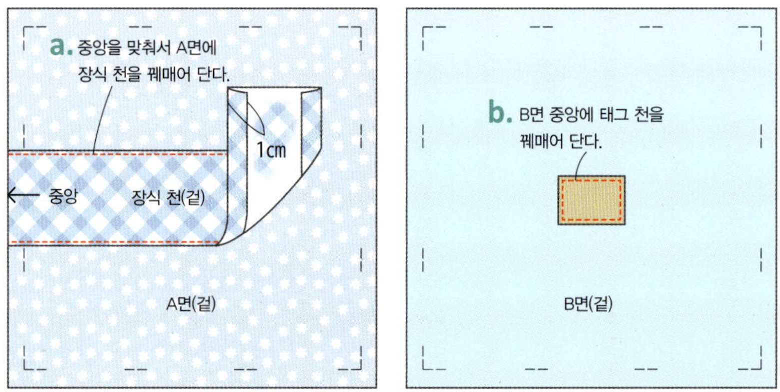

3 모서리 4군데를 둥글게 잘라낸다.

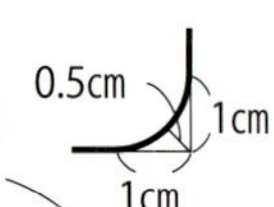

2 A면 · B면 모두 퀼트솜을 겹치고 둘레에 지그재그 재봉을 한다.

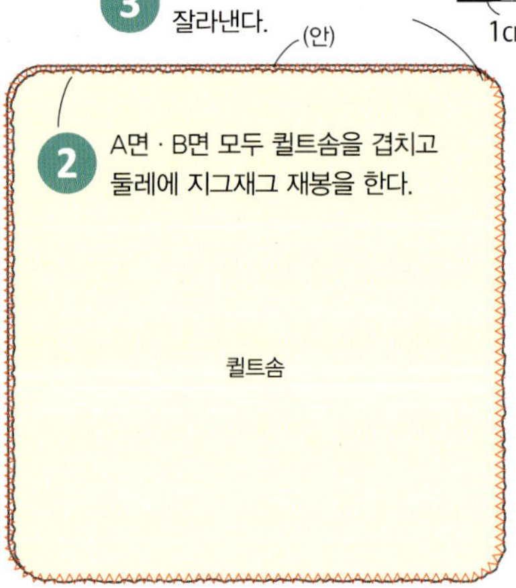

4 A면과 B면을 겉끼리 맞대고 반으로 접은 로프를 끼운 뒤 창구멍을 남겨 빙 둘러 꿰맨다.

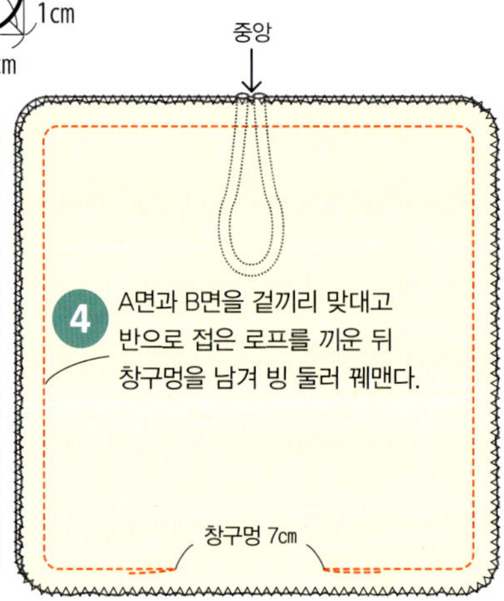

5 겉으로 뒤집고 창구멍을 막는다.

6 단추 2개 사이에 로프를 끼우고 꿰매어 고정한다.

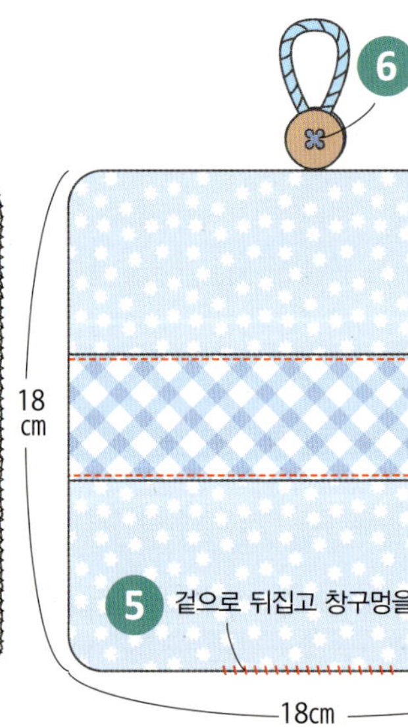

p.48 냄비 장갑

재료 **천**……겉감 A와 C · 안감 A와 C 각 20×30㎝, 겉감 B · 안감 B 각 20×15㎝, 파이핑 천 40×5㎝

기타…퀼트솜 55×25㎝

치수 도안

● ( )안의 시접을 두고 재단한다. ● 곡선은 아래 패턴을 베낀다.

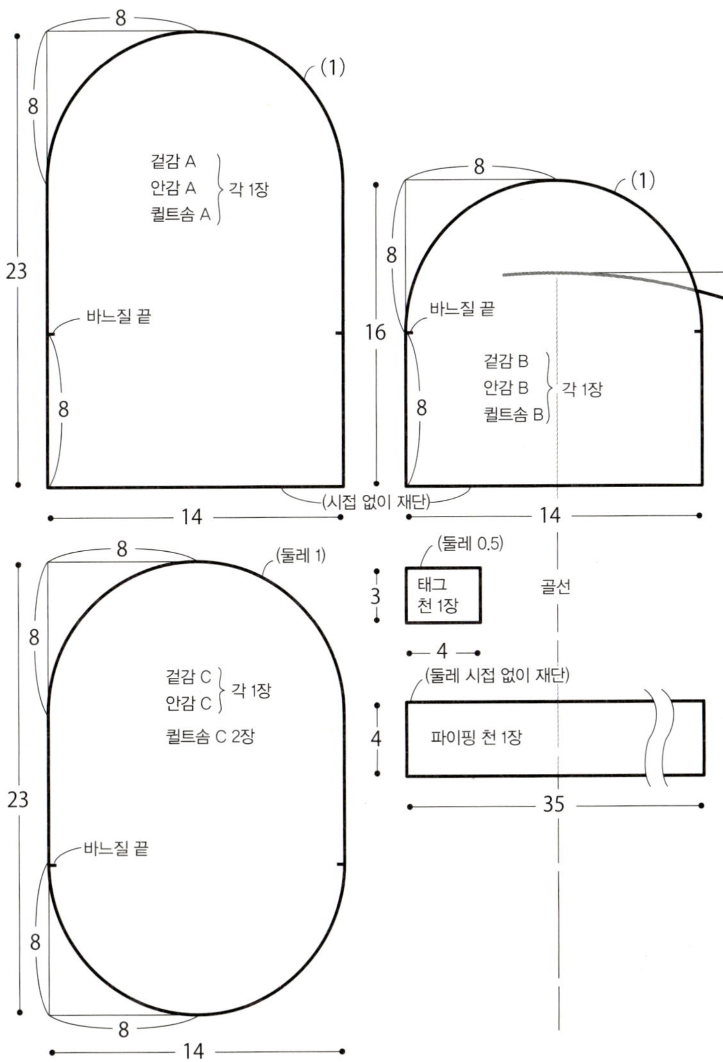

곡선 실물 크기 종이 본

● '골선'에서 대칭으로 재단한다.

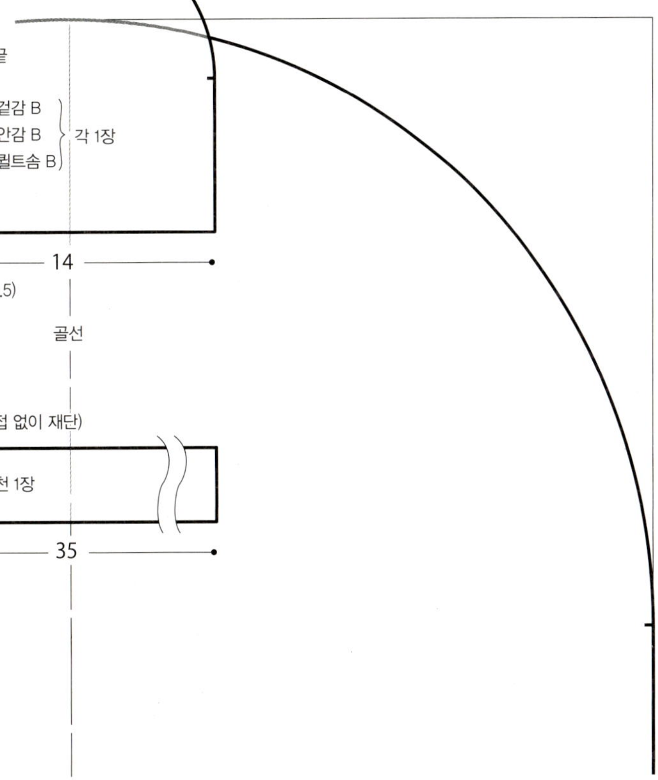

다음 페이지로

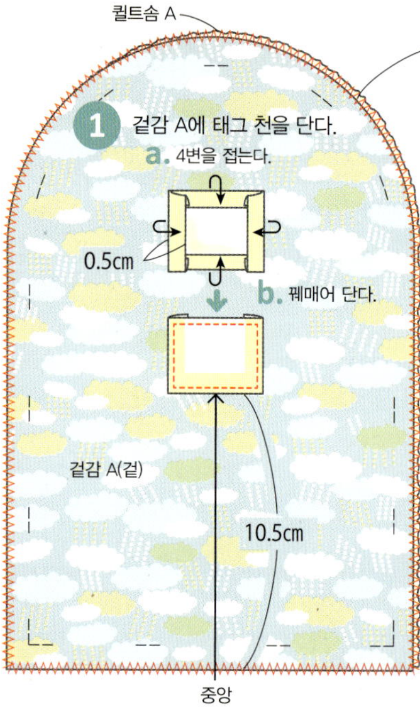

1 겉감 A에 태그 천을 단다.

a. 4변을 접는다.

b. 꿰매어 단다.

2 겉감 A의 안쪽에 퀼트솜 A를 겹치고 둘레에 지그재그 재봉을 한다. 겉감 B · C도 똑같이 꿰매는데 C에는 퀼트솜을 2장 겹친다.

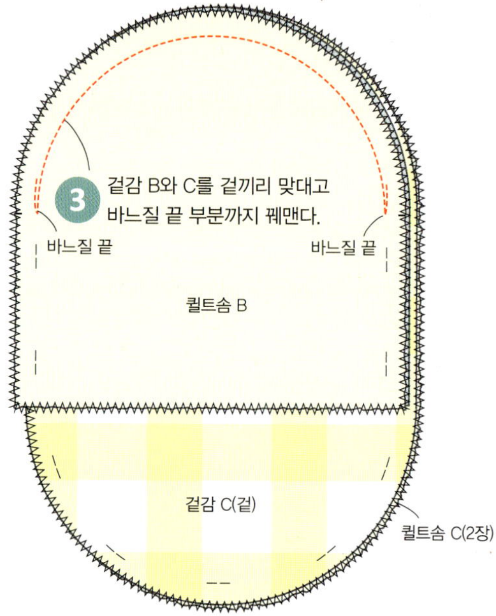

3 겉감 B와 C를 겉끼리 맞대고 바느질 끝 부분까지 꿰맨다.

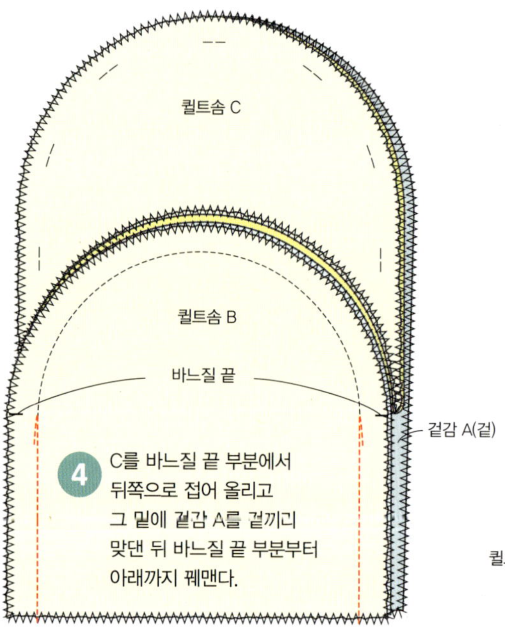

4 C를 바느질 끝 부분에서 뒤쪽으로 접어 올리고 그 밑에 겉감 A를 겉끼리 맞댄 뒤 바느질 끝 부분부터 아래까지 꿰맨다.

6 시접의 곡선 부분에 가위집을 넣는다.

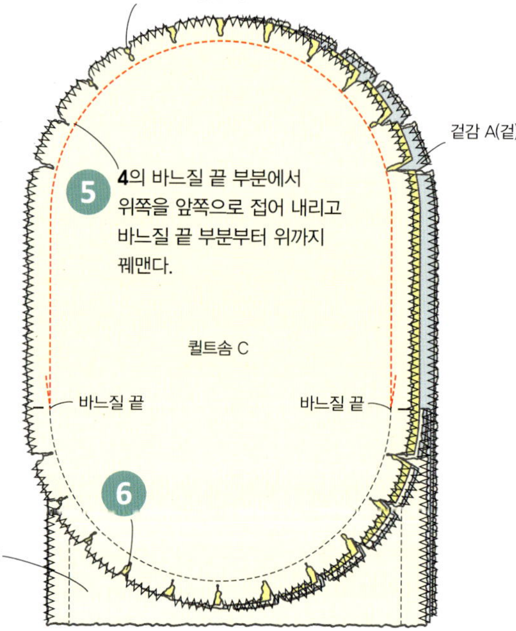

5 **4**의 바느질 끝 부분에서 위쪽을 앞쪽으로 접어 내리고 바느질 끝 부분부터 위까지 꿰맨다.

7 안감 A~C도 **3~6**과 같이 꿰맨다.

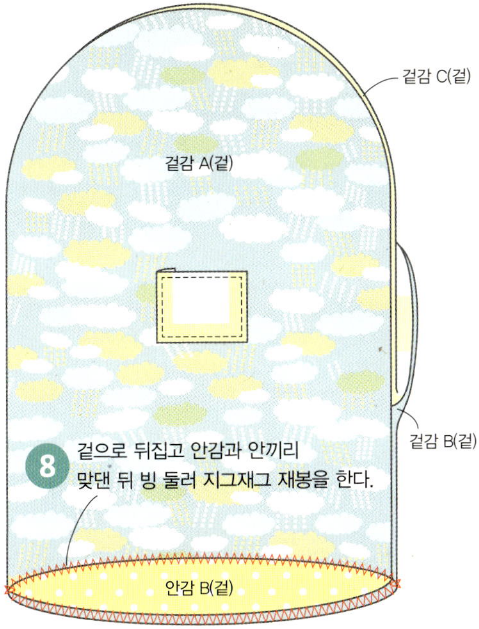

8 겉으로 뒤집고 안감과 안끼리 맞댄 뒤 빙 둘러 지그재그 재봉을 한다.

9 파이핑을 한다.

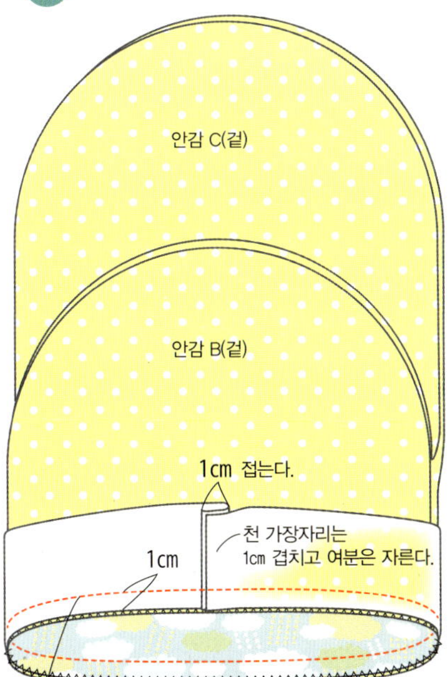

a. 파이핑 천을 겉끼리 맞대어 꿰맨다.

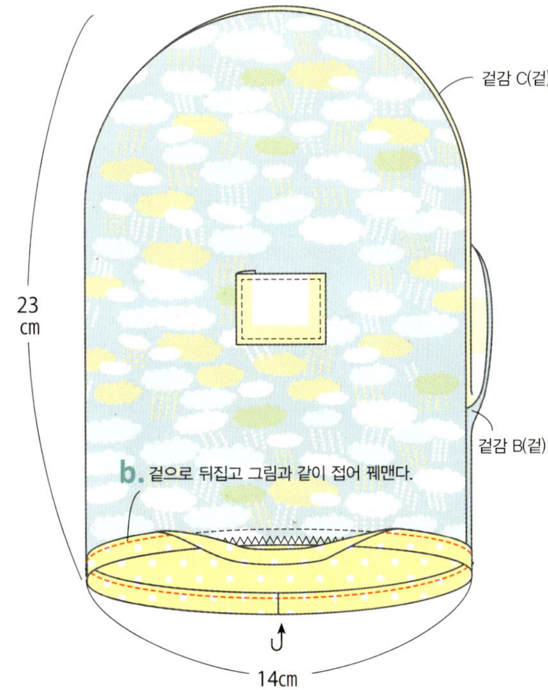

b. 겉으로 뒤집고 그림과 같이 접어 꿰맨다.

komihinata 스기노 미오코

수예 작가. 대학 재학 시절부터 전문학교에서 그래픽 디자인을 배웠다.
결혼 후에는 아이를 키우면서 'komihinata'라는 이름으로 블로그를 시작하였다.
블로그에 매일 핸드메이드 작품을 소개하는 것이 호평을 받아, 핸드메이드 블로그 랭킹에서 언제나
1위를 차지하는 인기 블로거로 성장하였다. 현재는 잡지에 작품을 발표하거나, 문화센터의 수예교실에서
강사를 맡기도 한다. 저서로는 《작은 손바느질 소품》, 《인기 손바느질 소품》 외에 공저도 다수 있다.
프티 아이템 핸드메이드 키트도 전국 수예점에서 판매 중이다.

●일본어판 스태프
촬영 사야마 유코(주부의벗사 사진과)
38~40쪽 하야시 다카히사(DNP미디어아트)

●옷감(천) 제공
(주)이투컬렉션 / (주)데콜렉션즈
dailylike.co.kr / decollections.jp
대구시 남구 명덕로 104 ICT PARK 1관 402호
TEL 053-651-2305

핸드메이드 시리즈 ❸
알록달록 손바느질 소품

1판 1쇄 인쇄 2016년 3월 15일 1판 1쇄 발행 2016년 3월 21일
저자_스기노 미오코(komihinata) 역자_배혜영 출력_현종사 인쇄_도담프린팅
발행인_손호성 펴낸곳_봄봄스쿨 일원화_북센 등록_제 312-2013-000016호 주소_서울시 마포구 동교동 169-17 402호
전화_070.7535.2958 팩스_0505.220.2958 e-mail_atmark@argo9.com
Home page_http://www.argo9.com

ISBN 979-11-58950-20-0 14590
ISBN 979-11-85423-40-1 (세트)

KOMIHINATA SAN NO CHIISANA HANDMADE COLORFUL KAWAII COLLECTION
by Mioko Sugino

값 12,000원

14590
9 791158 950200
ISBN 979-11-58950-20-0
ISBN 979-11-85423-40-1 (세트)